劳务派遣小问答

LAOWUPAIQIAN
XIAOWENDA

本书编写组◎编

中国工人出版社

图书在版编目（CIP）数据

劳务派遣小问答 / 本书编写组编. —北京：中国工人出版社，2014.5
（劳动权益小问答）
ISBN 978-7-5008-5797-6

Ⅰ. ①劳⋯　Ⅱ. ①劳⋯　Ⅲ. ①劳务工作—劳动法—中国—问题解答
Ⅳ. ①D922.505

中国版本图书馆CIP数据核字（2014）第098029号

劳务派遣小问答

出 版 人	李庆堂
责任编辑	吕　静
责任校对	孙迺伟
责任印制	栾征宇
出版发行	中国工人出版社
地　　址	北京市东城区鼓楼外大街45号　邮编：100120
网　　址	http://www.wp-china.com
电　　话	（010）62350006（总编室）（010）62005039（出版物流部） （010）82075935（工会与劳动关系分社）
发行热线	（010）62004002　（010）82081553（传真）
经　　销	各地书店
印　　刷	北京市密东印刷有限公司
开　　本	660 毫米×960 毫米　1/16
印　　张	7
字　　数	120 千字
版　　次	2015 年 5 月第 1 版　2018 年 8 月第 3 次印刷
定　　价	20.00 元

目 录

一、劳务派遣是说啥

1. 什么是劳务派遣？

劳务派遣是指劳务派遣单位（即用人单位）与被派遣劳动者（即劳务派遣工）签订劳动合同、与用工单位签订劳务派遣协议，被派遣劳动者在用工单位调配和管理下提供劳动，劳务派遣单位从用工单位获取派遣费，并向被派遣劳动者支付劳动报酬的一种用工形式。其主要特点是：

（1）劳动关系主体涉及三方当事人，即：派遣单位（用人单位）、用工单位和被派遣劳动者。

（2）劳动力的招用与使用相分离。在劳务派遣关系中，劳务派遣单位虽然与被派遣劳动者签订劳动合同，但却不直接使用被派遣劳动者，是被派遣劳动者名义上的用人单位。用工单位虽然直接使用被派遣劳动者的劳动，但却与被派遣劳动者没有劳动合同。这就是所谓的“聘用单位不用人，用工单位无合同”。

→法条链接

《劳动合同法》第五章第二节

小贴士

劳务派遣劳动关系如下：

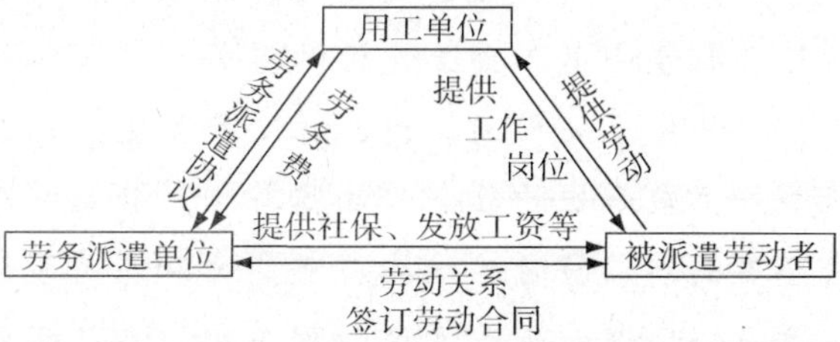

2. 为什么会有劳务派遣这一种用工形式?

劳务派遣最早起源于20世纪50年代欧美发达国家，当时由于经济结构调整，产业结构和用工形式发生了巨大的变革，企业为了生存和发展，不得不大规模地裁员，被裁减员工中一批具有专业技能、有经验和能力的特殊群体成为派遣的对象，派遣业应运而生。到21世纪，劳务派遣发展到诸多用工领域。

在我国，劳务派遣兴起于20世纪70年代末，当时顺应国有企事业单位改革、下岗职工再就业、农村劳动力有序转移、企业节约劳动力成本等形势发展，劳务派遣用工逐渐增多。劳务派遣用工在促进劳动力市场发育、满足企业灵活用工需求等方面发挥了一定的作用。然而，《劳动合同法》颁布后，劳务派遣单位数量大幅增加、劳务派遣用工规模迅速扩大，已经超出劳务派遣所承载的制度功能。

→法条链接

《劳动合同法》第五章第二节

小贴士

劳务派遣的具体形式有以下几种：一是完全派遣。由派遣公司承担一整套员工派遣服务工作，包括人才招募、选拔、培训、绩效评价、报酬和福利、安全和健康等。二是转移派遣。有劳务派遣需要的企业自行招募、选拔、培训人员，再由派遣公司与员工签订《劳动合同》，并由派遣公司负责员工的报酬、福利、绩效评估、处理劳动纠纷等事务。三是减员派遣 。指企业对自行招募或者已雇用的员工，将其雇主身份转移至派遣公司。企业支付派遣公司员工派遣费用，由派遣公司代付所有可能发生的费用，包括工资、资金、福利、各类社保费以及承担所有雇主应承担的社会和法律责任。其目的是减少企业固定员工，增强企业面对风险时的组织应变能力和人力资源的弹性。四是试用派遣。这是一种新的派遣方式，用工单位在试用期间将新员工转至派遣公司，然后以派遣的形式试用，其目的是使用工单位在准确选才方面更具保障，免去了由于选拔和测试时产生的误差风险，有效降低了人事成本。五是短期派遣 。用工单位与劳务派遣机构共同约定一个时间段来聘用和落实被派遣的人才 。六是项目派遣。企事业单位为了一个生产或科研项目而专业聘用相关的专业技术人才。七是晚间派遣 。用工单位利用晚上的特定时间，获得急需的人才。八是钟点派遣 。以每小时为基本计价单位派遣特种人员。九是双休日派遣。以周六、周日为基本计价单位派遣人员。十是集体派遣。国有企事业单位通过劳务派遣机构把闲置的人员部分或整体地派遣给第三方。

3. 当前我国劳务派遣用工存在哪些问题?

全国人大常委会曾在2008年和2011年两次进行《劳动合同法》执法检查。检查过程中发现，劳务派遣用工存在突出问题，主要有：劳务派遣单位过多过滥，经营不规范；许多用工单位长期大量使用被派遣劳动者，甚至把劳务派遣作为用工主渠道；被派遣劳动者与同一用工单位其他劳动者同工不同酬，没有归属感，心理落差较大；涉及劳务派遣的劳动争议案件激增，部分被派遣劳动者尤其是工伤、患职业病时维权极为困难。

→法条链接

《劳动合同法》第五章第二节

小贴士

劳务派遣用工的滥用不仅损害了劳动者的合法权益，也对正常的劳动合同用工方式和劳动合同制度造成较大冲击，成为影响劳动关系和谐和职工队伍稳定的重要因素之一。

4.《劳动合同法》如何规范劳务派遣用工？

针对劳务派遣普遍存在的问题，2012 年 12 月 28 日，十一届全国人大常务委员会第三十次会议决定对《劳动合同法》进行修改。修改的主要内容有以下几个方面：

（1）严格限制劳务派遣用工岗位范围。《劳动合同法》实施以来，劳务派遣用工数量快速增长，部分企业突破“三性”岗位范围，在主营业务岗位和一般性工作岗位长期大量使用被派遣劳动者。为了严格限制劳务派遣用工，《劳动合同法》修正案规定劳务派遣“只能”在“三性”岗位上实施，并对“三性”岗位的具体含义作了进一步界定。

（2）提高了劳务派遣单位设立门槛。为促使劳务派遣单位依法经营，《劳动合同法》修正案提高了经营劳务派遣业务单位的设立条件，包括将注册资本要求由不得少于人民币 50 万元提高到不得少于人民币 200 万元，有与开展业务相适应的固定的经营场所和设施，有符合法律规定的劳务派遣管理制度规定等。并且规定，经营劳务派遣业务应当向劳动行政部门依法办理行政许可。

（3）切实维护被派遣劳动者享有与用工单位的劳动者同工同酬的权利。《劳动合同法》实施以来，许多企业的被派遣劳动者的劳动报酬、社会保险、福利待遇等与用工单位的劳动合同制职工存在较大差距。为落实被派遣劳动者同工同酬的权利，《劳动合同法》修正案增加了如下规定：劳务派遣单位与被派遣劳动者订立的劳动合同以及与用工单位订立的劳务派遣协议，载明或者约定的向被派遣劳动者支付的劳动报酬应当符合同工同酬的规定。

（4）加重对违法劳务派遣行为的处罚。《劳动合同法》修正案规定，对未经许可擅自经营劳务派遣业务的，由劳动行政部门依法予以取缔，没收违法所得，并处以相应的罚款。同时，进一步明确规定劳务派遣单位、用工单位违反《劳动合同法》有关劳务派遣规定，由劳动行政部门责令限期改正；逾期不改正的，处以罚款，并适当提高了罚款额度；对劳务派遣单位可以吊销其经营劳务派遣业务的行政许可。

（5）处理好法律实施的衔接。为了实现法律修改前后劳务派遣用工制度的平稳过渡，《劳动合同法》修正案规定，修正案公布前已依法订立的劳动合同和劳务派遣协议继续履行至期限届满，但是劳动合同和劳务派遣协议的内容不符合修正案关于按照同工同酬原则实行相同的劳动报酬分配办法的规定的，应当进行调整；修正案施行前经营劳务派遣业务的单位，依法办理行政许可和公司变更登记后，方可继续经营劳务派遣业务。

→法条链接

《劳动合同法》修正案

小贴士

这是自2008年实施《劳动合同法》以来做出的首次修改，直指严格规范劳务派遣用工，保障被派遣劳动者的合法权益。

5. 劳务派遣用工的基本原则是什么？

针对实践中劳务派遣用工被滥用的突出问题，《劳动合同法》修正案明确规定了劳务派遣用工的基本原则：劳动合同用工是我国的企业基本用工形式。劳务派遣用工是补充形式，只能在临时性、辅助性或者替代性的工作岗位上实施。

→法条链接

《劳动合同法》第六十六条

小贴士

劳务派遣是一种新型的用工方式，与传统用工方式相比具有较大的灵活性，在经济全球化的背景下被作为用工的补充形式在许多国家获得迅速发展。劳务派遣从其产生起，就扮演拾遗补缺的角色，并非主流用工方式。即便在市场经济发达国家，劳务派遣工占全体从业人员的比例一般不超过5%。

6.《劳动合同法》修正案从哪些方面加大了对违法劳务派遣的处罚力度?

为进一步严格规范劳务派遣用工，修正案将现行《劳动合同法》第九十二条修改为："违反本法规定，未经许可，擅自经营劳务派遣业务的，由劳动行政部门责令停止违法行为，没收违法所得，并处违法所得一倍以上五倍以下的罚款；没有违法所得的，可以处五万元以下的罚款。劳务派遣单位、用工单位违反本法有关劳务派遣规定的，由劳动行政部门责令限期改正；逾期不改正的，以每人五千元以上一万元以下的标准处以罚款，对劳务派遣单位，吊销其劳务派遣业务经营许可证。用工单位给被派遣劳动者造成损害的，劳务派遣单位与用工单位承担连带赔偿责任。"

《劳动合同法》修正案加重了对违法劳务派遣行为的处罚力度，增加了劳务派遣单位和用工单位的违法成本。另外，规定了劳务派遣单位和用工单位对损害被派遣劳动者权益的行为承担连带赔偿责任，可以有效减少用工单位在不符合劳务派遣条件的岗位上使用被派遣劳动者，保障被派遣劳动者尤其是工伤、患职业病被派遣劳动者的权益，防止劳务派遣的滥用。

→法条链接

《劳动合同法》第九十二条

小贴士

总体上看，《劳动合同法》修正案加重了对违法劳务派遣行为的处罚力度，有利于维护被派遣劳动者的合法权益，这是《劳动合同法》修改过程中的一大亮点。

7. 为什么要制定《劳务派遣暂行规定》?

2012 年全国人大常委会对《劳动合同法》中涉及劳务派遣的条款进行了修改，但仍以原则性规定为主。为此，人力资源和社会保障部按照全国人大常委会和国务院的要求，根据修改《劳动合同法》时所体现出的严格限制劳务派遣用工的精神，制定了具有较强可操作性的配套规章——《劳务派遣暂行规定》，进一步解决劳务派遣适用范围、用工比例、辅助性岗位确定、被派遣劳动者工伤认定、跨地区派遣的社会保险、过渡期等具体问题，规范劳务派遣制度，保障被派遣劳动者的合法权益。

→法条链接

《劳动合同法》修正案

《劳务派遣暂行规定》第一条

小贴士

《劳务派遣暂行规定》是规范劳务派遣的一部重要规章，它的颁布实施，对于进一步规范劳务派遣用工行为，明确劳务派遣单位、用工单位和被派遣劳动者三方的权利义务，维护被派遣劳动者的合法权益，促进企业健康发展，构建和发展和谐稳定的劳动关系具有重要意义。

8.《劳务派遣暂行规定》的适用范围是什么？

劳务派遣单位经营劳务派遣业务，企业使用被派遣劳动者，以及依法成立的会计师事务所、律师事务所等合伙组织、基金会以及民办非企业单位等组织使用被派遣劳动者，适用《劳务派遣暂行规定》。

→法条链接

《劳务派遣暂行规定》第二条

小贴士

《劳务派遣暂行规定》没有将机关事业单位使用劳务派遣用工纳入适用范围。机关事业单位编制外用工问题将随着改革不断深化和法律的不断完善逐步加以妥善解决。

9. 哪些情形不属于劳务派遣用工？

用人单位将本单位劳动者派往境外工作或者派往家庭、自然人处提供劳动的不属于劳务派遣。

→法条链接

《劳务派遣暂行规定》第二十六条

小贴士

据此，普通家庭雇用的家政公司派出的保姆不算劳务派遣用工。

二、劳务派遣主体都有谁

10. 构成劳务派遣的三方主体都有哪些？

与一般的劳动关系不同，劳务派遣劳动关系的主体包括：劳务派遣单位、用工单位和被派遣劳动者。它们在法律上地位都是平等的，都享有法律规定的权利，并承担法定义务。

→法条链接

《劳动合同法》第二条、第九十六条

《劳动合同法实施条例》第三条

《劳务派遣暂行规定》第三条

小贴士

一般劳动关系主体由劳动者与用人单位构成，而劳务派遣劳动关系的主体则有三个，以至于这一关系出现复杂性。

11. 被派遣劳动者包括哪些人？

被派遣劳动者也被称为劳务派遣工，是指与劳务派遣单位签订劳动合同，被劳务派遣单位派遣到用工单位从事劳动的劳动者。目前在我国，劳务派遣工主要分布在运输物流业、建筑业、机关事业单位、IT设备、软件和家政服务业等。被派遣的劳动者不仅包括大量的农民工，甚至也包括一些高级技术人才。

→法条链接

《民法通则》第二章第一节

小贴士

成为被派遣劳动者，应当具备民事权利能力和民事行为能力。即达到法定年龄，并且能够独立进行民事活动。

12. 被派遣劳动者都享有哪些基本权利，履行哪些基本义务？

（1）基本权利：依法受到劳动安全、卫生保护的权利；依法获取劳动报酬的权利；依法参加社会保险的权利；国家法律规定的其他各项权利。

（2）基本义务：自觉遵守用人单位各项规章制度和安全操作规程；服从用人单位的日常管理；完成用人单位指定的各项工作任务；参加用人单位的各项劳动竞赛，勇于创新，为用人单位提供优质高效的服务；国家法律和劳动合同规定的其他各项义务。

→法条链接

《劳动法》第三条

小贴士

权利和义务是统一的，被派遣劳动者在享受权利的同时，必须履行相应的义务。

13. 什么是劳务派遣单位？

劳务派遣单位是指经营劳务派遣业务的单位。根据《劳动合同法》第五十八条规定，劳务派遣单位是《劳动合同法》所称用人单位，应当履行用人单位对劳动者的义务。此规定明确了劳务派遣单位与被派遣劳动者形成《劳动合同法》意义上的劳动关系。

→法条链接

《劳动合同法》第五十八条

小贴士

劳务派遣单位享有用人单位的权利并履行义务，如依法招用劳动者、与被派遣劳动者订立劳动合同、支付劳动报酬、解除劳动合同时支付经济补偿金、参加社会保险并依法缴纳社会保险费等义务。

14. 为什么经营劳务派遣业务需要行政许可?

《劳动合同法》实施前，经营劳务派遣业务由各地的地方性法规规定，各地对劳务派遣公司的设立程序做出了不同的限制性规定。大体分为三类：一是行政许可制，即在进行工商登记前，要先得到有关部门的行政许可。二是备案制，即在工商登记后要向有关部门给予备案。三是公告或抄送制，即劳务派遣公司在工商登记后，由工商登记部门进行公告或将新成立的公司抄送给有关部门。

《劳动合同法》实施后，放开了对于劳务派遣单位设立的限制，仅规定了最低注册资本，取消了关于劳务派遣单位设立的先行许可规定，导致了劳务派遣单位的泛滥。

《劳动合同法》修正案对经营劳务派遣业务做了调整，要求设立劳务派遣的机构，首先要通过劳动行政部门的行政许可。即设立劳务派遣的机构符合第五十七条第一款的第（四）项规定后，依法通过行政审批。获得行政审批后，才有资格办理相应的公司登记。总体来说，设立劳务派遣单位首先要满足行政许可的要求，其次是企业治理还需采取公司制，而非合伙制等其他形式。

为进一步规范劳务派遣，2013 年 6 月，人力资源和社会保障部颁布了《劳务派遣行政许可实施办法》，规定劳动派遣行政许可的受理，审查批准以及人力资源社会保障行政部门的监督检查等，适用本办法。

→法条链接

《劳动合同法》第五十七条

《行政许可法》第二条

《劳务派遣行政许可实施办法》第六条

小贴士

行政许可，是指行政机关根据公民、法人或者其他组织的申请，经依法审查，准予其从事特定活动的行为。

经营劳务派遣业务必须经过劳动行政部门许可；未经许可，任何单位和个人不得经营劳务派遣业务。

15. 申请经营劳务派遣业务应当具备什么条件？

申请经营劳务派遣业务要具备以下条件：

（1）注册资本不得少于人民币200万元；

（2）有与开展业务相适应的固定的经营场所和设施；

（3）有符合法律、行政法规规定的劳务派遣管理制度；

（4）法律、行政法规规定的其他条件。

→法条链接

《劳动合同法》第五十七条

《劳务派遣行政许可实施办法》第七条

小贴士

劳动者与劳务派遣单位签订劳动合同，首先要考虑劳务派遣单位是否具备上述资质，如果不具备，就不能与之建立劳动关系，否则权利难以保障。

16. 如何申请经营劳务派遣业务？

申请经营劳务派遣业务的，申请人应当向许可机关提交下列材料：

（1）劳务派遣经营许可申请书；

（2）营业执照或者《企业名称预先核准通知书》；

（3）公司章程以及验资机构出具的验资报告或者财务审计报告；

（4）经营场所的使用证明以及与开展业务相适应的办公设施设备、信息管理系统等清单；

（5）法定代表人的身份证明；

（6）劳务派遣管理制度，包括劳动合同、劳动报酬、社会保险、工作时间、休息休假、劳动纪律等与劳动者切身利益相关的规章制度文本；拟与用工单位签订的劳务派遣协议样本。

→法条链接

《劳动合同法》第五十七条

《劳务派遣行政许可实施办法》第八条

小贴士

申请人必须具备的条件和提交的申请材料必须齐全、规范、真实、有效。

17. 许可机关收到经营劳务派遣业务申请材料后如何处理？

许可机关收到申请材料后，应当根据下列情况分别作出处理：

（1）申请材料存在可以当场更正的错误的，应当允许申请人当场更正；

（2）申请材料不齐全或者不符合法定形式的，应当当场或者在5个工作日内一次告知申请人需要补正的全部内容，逾期不告知的，自收到申请材料之日起即为受理；

（3）申请材料齐全、符合法定形式，或者申请人按照要求提交了全部补正申请材料的，应当受理行政许可申请。

→法条链接

《劳务派遣行政许可实施办法》第九条

小贴士

许可机关对申请人提出的申请决定受理的，应当出具《受理决定书》；决定不予受理的，应当出具《不予受理决定书》，说明不予受理的理由，并告知申请人享有依法申请行政复议或者提起行政诉讼的权利。

18. 受理经营劳务派遣业务许可的时间有多长？

许可机关应当自受理之日起 20 个工作日内作出是否准予行政许可的决定。20 个工作日内不能作出决定的，经本行政机关负责人批准，可以延长 10 个工作日，并应当将延长期限的理由告知申请人。

→法条链接

《劳务派遣行政许可实施办法》第十一条、第十二条

小贴士

许可机关决定受理申请的，应当对申请人提交的申请材料进行审查。根据法定条件和程序，需要对申请材料的实质内容进行核实的，许可机关应当指派 2 名以上工作人员进行核查。

19. 申请人的申请符合法定条件的怎么办？

申请人的申请符合法定条件的，许可机关应当依法作出准予行政许可的书面决定，并自作出决定之日起 5 个工作日内通知申请人领取《劳

务派遣经营许可证》。

申请人的申请不符合法定条件的，许可机关应当依法作出不予行政许可的书面决定，说明不予行政许可的理由，并告知申请人享有依法申请行政复议或者提起行政诉讼的权利。

→法条链接

《劳务派遣行政许可实施办法》第十三条

小贴士

行政复议是指公民、法人或者其他组织不服行政主体作出的具体行政行为，认为行政主体的具体行政行为侵犯了其合法权益，依法向法定的行政复议机关提出复议申请，行政复议机关依法对该具体行政行为进行合法性、适当性审查，并作出行政复议决定的行政行为。行政复议是公民、法人或其他组织通过行政救济途径解决行政争议的一种方法。

20. 《劳务派遣经营许可证》都有哪些内容？

《劳务派遣经营许可证》应当载明单位名称、住所、法定代表人、注册资本、许可经营事项、有效期限、编号、发证机关以及发证日期等事项。《劳务派遣经营许可证》分为正本、副本。正本、副本具有同等法律效力。

《劳务派遣经营许可证》有效期为3年。

→法条链接

《劳务派遣行政许可实施办法》第十四条

小贴士

《劳务派遣经营许可证》由人力资源社会保障部统一制定样式，由各省、自治区、直辖市人力资源社会保障行政部门负责印制、免费发放和管理。

21.《劳务派遣经营许可证》可以转让吗?

劳务派遣单位取得《劳务派遣经营许可证》后，应当妥善保管，不得涂改、倒卖、出租、出借或者以其他形式非法转让。

→法条链接

《劳务派遣行政许可实施办法》第十五条

小贴士

所有劳务派遣公司，在正常的工商登记前，还须到当地人力资源和社会保障部门办理《劳务派遣经营许可证》，否则将被视为违法经营。

22. 劳务派遣单位分立、合并，原《劳务派遣经营许可证》还有效吗?

劳务派遣单位分立、合并后继续存续，其名称、住所、法定代表人或者注册资本等改变的，应当向许可机关提出变更申请。符合法定条件的，许可机关应当自收到变更申请之日起10个工作日内依法办理变更手续，并换发新的《劳务派遣经营许可证》或者在原《劳务派遣经营许可证》上予以注明；不符合法定条件的，许可机关应当自收到变更申请之日起10个工作日内作出不予变更的书面决定，并说明理由。

→法条链接

《劳务派遣行政许可实施办法》第十六条、第十七条

小贴士

劳务派遣单位分立、合并后设立新公司的，应当按照《劳务派遣行政许可实施办法》规定重新申请劳务派遣行政许可。

23. 劳务派遣单位需要延续行政许可的怎么办？

劳务派遣单位需要延续行政许可有效期的，应当在有效期届满 60 日前向许可机关提出延续行政许可的书面申请，并提交 3 年以来的基本经营情况；劳务派遣单位逾期提出延续行政许可的书面申请的，按照新申请经营劳务派遣行政许可办理。

→法条链接

《劳务派遣行政许可实施办法》第十八条、第十九条

小贴士

许可机关应当根据劳务派遣单位的延续申请，在该行政许可有效期届满前作出是否准予延续的决定；逾期未作决定的，视为准予延续。

准予延续行政许可的，应当换发新的《劳务派遣经营许可证》。

24. 哪些情况下劳务派遣单位不能延续行政许可？

劳务派遣单位有下列情形之一的，许可机关应当自收到延续申请之日起 10 个工作日内作出不予延续书面决定，并说明理由：

（1）逾期不提交劳务派遣经营情况报告或者提交虚假劳务派遣经营情况报告，经责令改正，拒不改正的；

（2）违反劳动保障法律法规，在一个行政许可期限内受到 2 次以上行政处罚的。

→法条链接

《劳务派遣行政许可实施办法》第二十条

小贴士

不能延续行政许可意味着劳务派遣单位不能再经营劳务派遣业务，因此劳务派遣单位必须依法经营。

25. 劳务派遣单位隐瞒真实情况或者提交虚假材料申请行政许可的怎么处理？

劳务派遣单位隐瞒真实情况或者提交虚假材料申请行政许可的，许可机关不予受理、不予行政许可。

对劳务派遣单位以欺骗、贿赂等不正当手段和隐瞒真实情况或者提交虚假材料取得行政许可的，许可机关应当予以撤销。被撤销行政许可的劳务派遣单位在1年内不得再次申请劳务派遣行政许可。

→法条链接

《劳务派遣行政许可实施办法》第二十五条 、第三十三条

小贴士

以欺骗、贿赂等不正当手段取得劳务派遣行政许可的，人力资源社会保障行政部门依法可处1万元以下的罚款；情节严重的，处1万元以上3万元以下的罚款。

26. 劳务派遣单位向许可机关申请注销劳务派遣行政许可的应提交什么文件？

劳务派遣单位向许可机关申请注销劳务派遣行政许可的，应当提交已经依法处理与被派遣劳动者的劳动关系及其社会保险权益等材料，许可机关应当在核实有关情况后办理注销手续。

→法条链接

《劳务派遣行政许可实施办法》第二十七条、第二十九条

小贴士

任何组织和个人有权对实施劳务派遣行政许可中的违法违规行为进行举报，人力资源社会保障行政部门应当及时核实、处理。

27. 什么是劳务派遣用工单位?

劳务派遣用工单位（以下简称用工单位）是指与劳务派遣单位订立劳务派遣协议，以劳务派遣形式用工，对被派遣劳动者进行指挥和管理的单位。用工单位与劳务派遣单位签订劳务派遣协议，按照协议约定，管理、使用被派遣劳动者，向劳务派遣单位支付服务费或管理费。同时，应当履行提供劳动保护、劳动条件，支付加班费、绩效奖金，提供与工作岗位相关福利待遇等义务。

→法条链接

《劳动合同法》第五十八条

小贴士

用工单位是《劳动合同法》中所指的接受派遣单位。用工单位通过与劳务派遣单位签订劳务派遣协议，从劳务派遣单位引进符合其要求的员工，在其安排的工作岗位上进行工作。虽然从表面上来看，被派遣员工是在用工单位的场所内，在其管理之下为其工作，但双方不存在劳动关系，用工单位无须承担劳动法和劳动合同上的义务，它与被派遣员工之间只是劳务关系，根据其双方之间的聘用合同或劳务合同享受权利和承担义务。

28. 用工单位是否可以自设劳务派遣单位?

用工单位不得设立劳务派遣单位向本单位或者所属单位派遣劳动者。《劳动合同法实施条例》第二十八条规定，用人单位或者其所属单位出资或者合伙设立的劳务派遣单位，向本单位或者所属单位派遣劳动者的，属于《劳动合同法》第六十七条规定的不得设立的劳务派遣单位。

→法条链接

《劳动合同法》第六十七条

《劳动合同法实施条例》第二十八条

小贴士

实践中，有的企业为了降低用工成本，逃避劳动法上的义务，将劳动合同制职工以各种名义，分流到本企业设立的劳务派遣公司，然后又以劳务派遣公司的名义派遣到原岗位；有的企业将内设的劳动管理机构挂上一个劳务派遣公司的牌子，将招用的员工以劳务派遣公司名义派遣到所属企业，将原本完整的劳动关系人为地割裂开，以逃避原本应当承担的用人单位的责任，这是典型的规避法律行为，是法律明确禁止的。

29. 什么岗位可以使用被派遣劳动者？

劳动合同用工是我国的企业基本用工形式。劳务派遣用工是补充形式，只能在临时性、辅助性或者替代性的工作岗位上实施。

（1）“临时性工作岗位”是指存续时间不超过六个月的岗位。

（2）“辅助性工作岗位”是指为主营业务岗位提供服务的非主营业务岗位。

（3）“替代性工作岗位”是指用工单位的劳动者因脱产学习、休假等原因无法工作的一定期间内，可以由其他劳动者替代工作的岗位。

→法条链接

《劳动合同法》第六十六条

《劳务派遣暂行规定》第三条

小贴士

《劳动合同法》实施以来，劳务派遣用工数量快速增长，部分企业突破“三性”岗位，在主营业务岗位和一般性工作岗位长期大量使用被派遣劳动者。《劳务派遣暂行规定》进一步明确“三性”的使用，将有利于维护劳动者的权益。

30. 辅助性岗位应该怎样认定？

为了避免“辅助性”岗位因缺乏严格认定标准而被用工单位滥用，增强认定的可操作性，《劳务派遣暂行规定》明确了“辅助性”工作岗位认定的民主程序。

用工单位计划使用被派遣劳动者的岗位，应当先由本单位职工代表大会或者全体职工讨论，提出相应的用工方案和意见，再经用工单位与工会或者职工代表平等协商确定，最后在用工单位内公示后，才能属于合法的“辅助性”岗位。

→法条链接

《劳动合同法》第四条、第六条、第六十六条

《劳务派遣暂行规定》第三条

《全民所有制工业企业职工代表大会条例》第七条、第十一条、第十二条

《企业民主管理规定》第三条

小贴士

《劳务派遣暂行规定》突破性地将辅助性工作岗位界定权力移交给了本企业的工会和职工代表大会，解决了辅助性工作岗位在不同企业不同行业可能不同的实践难题，也解决了法庭在审判中的认定依据，同时进一步加大工会和职工代表大会的作用，使辅助性工作岗位的认定更加科学、合法。

31. 劳务派遣的用工比例是多少，怎样计算？

考虑到劳务派遣补充用工形式的定位、社会各界对用工比例的预期和承受能力，《劳务派遣暂行规定》将劳务派遣用工比例设置为 10%。其中，用工总量等于用工单位订立劳动合同人数加上使用的被派遣劳动者人数之和。根据这一规定，可以得出劳务派遣的用工比例的计算方法：

劳务派遣的用工比例 = 使用的被派遣劳动者人数 ÷（订立劳动合同人数 + 使用的被派遣劳动者人数）。

→法条链接

《劳动合同法》第六十六条

《劳务派遣暂行规定》第四条

小贴士

计算劳务派遣用工比例的用工单位是指依照《劳动合同法》和《劳动合同法实施条例》可以与劳动者订立劳动合同的用人单位，而不是劳务派遣单位。

32. 用工单位可否将自己使用的劳务派遣劳动者再派遣到其他用人单位？

被派遣劳动者不是商品，以劳务派遣形式用工的用工单位接收被派遣劳动者只能自己使用，不得再次向其他用工单位进行派遣。用工单位与劳务派遣单位订立的劳务派遣协议已经明确规定了被派遣劳动者的派遣期限、工作岗位等情况，双方应当按照该协议履行各自义务，用工单位应当按照劳务派遣协议约定的工作岗位使用被派遣劳动者，不能违反协议约定将被派遣劳动者再派遣到其他用工单位。

→法条链接

《劳动合同法》第六十二条

《劳动合同法实施条例》第二十八条

小贴士

劳务派遣用工单位是没有派遣权的，因此其再派遣行为是无效的。

三、怎样订立、履行劳务派遣协议和劳动合同

33. 什么是劳务派遣协议？

劳务派遣协议是劳务派遣单位与用工单位签订的，明确双方在劳务派遣中的权利义务关系的书面约定。订立劳务派遣协议，是《劳动合同法》规定的劳务派遣单位和用工单位的强制性义务。其原因，一方面是为了明确劳务派遣单位与用工单位之间的权利义务；另一方面则是通过劳务派遣协议明确劳务派遣单位与用工单位对被派遣劳动者各自应当履行的义务和具体实现方式，如劳动报酬和社会保险费的数额与支付方式等。

→法条链接

《劳动合同法》第五十九条

《劳务派遣暂行规定》第二条

小贴士

在订立劳务派遣协议时，用工单位与劳务派遣单位应当遵循实际需要的原则确定派遣期限，禁止将连续用工期限分割订立数个短期劳务派遣协议。实践中有的用工单位为规避《劳动合同法》上的义务，如缴纳社会保险、实行正常工资调整机制等，将一个连续用工期限分割订立为数个短期劳务派遣协议，这是对劳动者合法权益的侵害，必须禁止。

34. 劳务派遣协议应当载明哪些内容？

（1）派遣的工作岗位名称和岗位性质；

（2）工作地点；

（3）派遣人员数量和派遣期限；

（4）按照同工同酬原则确定的劳动报酬数额和支付方式；

（5）社会保险费的数额和支付方式；

（6）工作时间和休息休假事项；

（7）被派遣劳动者工伤、生育或者患病期间的相关待遇；

（8）劳动安全卫生以及培训事项；

（9）经济补偿等费用；

（10）劳务派遣协议期限；

（11）服务费的支付方式和标准；

（12）违反劳务派遣协议的责任；

（13）法律、法规、规章规定应当纳入劳务派遣协议的其他事项。

→法条链接

《劳动合同法》第二十二条、第二十三条、第五十九条、第六十三条

《劳动合同法实施条例》第八条

《劳务派遣暂行规定》第七条

小贴士

在劳务派遣协议中明确劳动报酬和社会保险费的数额与支付方式以及违反协议的责任等内容，有利于明确劳务派遣单位与用工单位的权利与义务，避免发生争议时劳务派遣单位与用工单位互相推诿，从而保护被派遣劳动者的合法权益。

35. 被派遣劳动者有权了解劳务派遣协议的内容吗？

劳务派遣协议虽然是劳务派遣单位与用工单位签订的，但由于劳务派遣协议与被派遣劳动者的利益密切相关，协议中的大多数条款都直接

涉及被派遣劳动者，故《劳动合同法》第六十条规定，劳务派遣单位应当将劳务派遣协议的内容告知被派遣劳动者。这包括派遣岗位、劳动报酬和社会保险费的负担和支付方式等。被派遣劳动者对此享有知情权。

→法条链接

《劳动合同法》第六十条

《劳务派遣暂行规定》第八条第（一）项

小贴士

为了防止劳务派遣单位和用工单位“玩猫腻”，法律要求劳务派遣单位应当将劳务派遣协议的内容告知被派遣劳动者。被派遣劳动者知晓这些合同中的必备条款后，可以逐条对照，看劳务派遣单位是否一一履行了其应尽的义务。

36. 被派遣劳动者应该与谁订立劳动合同？

劳务派遣单位是《劳动合同法》上所称的“用人单位”，应当履行用人单位对劳动者的义务。被派遣劳动者应该与劳务派遣单位订立劳动合同，而不是与用工单位签订劳动合同。

→法条链接

《劳动合同法》第十条、第十五条、第五十八条、第五十九条

《劳动合同法实施条例》第五条

《劳务派遣暂行规定》第五条

小贴士

劳务派遣劳动关系牵涉到三方，关系比较复杂。《劳动合同法》对劳动合同的签订也做了规定，但是不够直接。而《劳务派遣暂行规定》直接以条文形式对劳动合同的订立进行了规定，方便被派遣劳动者一目了然明白自己该找谁签订劳动合同。

37. 劳务派遣单位应该与被派遣劳动者签订什么样的劳动合同？

鉴于劳务派遣用工与普通的用工方式存在区别，《劳动合同法》和《劳务派遣暂行规定》对劳务派遣单位与被派遣劳动者之间签订的劳动合同作了更为细致的规定。

（1）劳务派遣单位与被派遣劳动者必须签订书面形式的劳动合同。

（2）劳务派遣单位与被派遣劳动者签订的劳动合同期限不能少于二年。

（3）劳务派遣单位与被派遣劳动者订立的劳动合同除应当具备《劳动合同法》第十七条规定的一般劳动合同的必备条款外，还应当明确约定被派遣劳动者的用工单位以及派遣期限、工作岗位、按照同工同酬原则确定的劳动报酬和支付方式等内容。

→法条链接

《劳动合同法》第十条、第十七条

《劳动合同法实施条例》第五条、第六条、第七条

《劳务派遣暂行规定》第五条、第七条

小贴士

因为劳务派遣劳动关系的复杂性和多方参与性，所以对劳务派遣劳动合同提出了更高的要求。区别一般劳动合同和劳务派遣劳动合同的不同，就是看该合同有无相关派遣期限、工作岗位等条款。

38. 劳务派遣劳动合同的主要内容有哪些？

依据《劳动合同法》的规定，劳务派遣劳动合同的内容包括：

（1）用人单位的名称、住所和法定代表人或者主要负责人；

（2）劳动者的姓名、住址和居民身份证或者其他有效身份证件号码；

（3）劳动合同期限；

（4）工作内容和工作地点；

（5）工作时间和休息休假；

（6）劳动报酬；

（7）社会保险；

（8）劳动保护、劳动条件和职业危害防护；

（9）劳动者的用工单位；

（10）派遣期限；

（11）工作岗位；

（12）法律、法规规定应当纳入劳动合同的其他事项。

→法条链接

《劳动合同法》第十七条

《劳务派遣暂行规定》第七条

小贴士

上述（9）、（10）、（11）条是劳务派遣劳动合同区别于一般劳动合同的重要特征，劳务派遣劳动者在签订合同时一定要注意与劳务派遣单位明确这些事项。

39. 签订劳务派遣劳动合同的程序是怎样的？

根据《劳动合同法》及有关法律法规的规定，签订劳务派遣劳动合同的主要程序有：

（1）劳务派遣单位向求职者介绍拟订劳动合同的内容和要求。在订立劳动合同以前，劳务派遣单位应当向求职者如实、详细地介绍拟订劳动合同的条款内容、涉及的有关情况以及签订劳动合同的要求。劳务派遣单位还有义务回答求职者的询问、意见和要求。

（2）双方协商一致，签订劳动合同。劳务派遣单位与求职者依法就劳动合同的条款经过协商，取得一致意见，达成协议，并经双方签字盖章，劳动合同即告成立。当事人双方可以在劳动合同中规定试用期（对新职工进行考查的一定期限）。在试用期内，劳务派遣单位可以进一步考查被录用职工的德智体全面情况，了解其业务水平或工作能力是否与其担任的工作相称。如果发现不符合招工条件，或与其承担的工作不相称时，劳务派遣单位可以依法解除合同。

被派遣劳动者在与劳务派遣单位订立劳动合同时，应注意以下问题：

（1）当事人双方应首先衡量彼此是否符合条件；

（2）订立劳动合同既要符合国家法律、法规和政策的规定，又要结合实际；

（3）劳动合同的内容要简繁得当，对国家法律、法规规定详细的内容，可以从简。对于国家法律、法规没有具体规定的，应当尽量做出详细具体的规定。

→法条链接

《劳动合同法》第十六条

小贴士

签订劳务派遣劳动合同应当遵循合法、公平、平等协商、协商一致、诚实信用的原则。劳务派遣单位和劳动者都不得隐瞒各自的情况，否则会导致合同无效。

40. 劳务派遣单位不与被派遣劳动者签订书面劳动合同的，应该怎么办？

对于劳务派遣单位恶意不与被派遣劳动者签订劳动合同的，被派遣劳动者应当运用法律武器保护自己。首先，被派遣劳动者可以与劳务派遣单位协商，要求签订书面劳动合同，并主张由劳务派遣单位支付双倍工资。如果劳务派遣单位拒不签订，被派遣劳动者可以向当地劳动行政部门投诉，也可以向调解组织申请调解或者向劳动争议仲裁委员会申请仲裁，要求其签订书面合同并支付二倍工资。劳动争议仲裁委员会不予受理或者逾期未作出受理决定的，被派遣劳动者还可以向人民法院提起诉讼。

→法条链接

《劳动合同法》第八十一条、第八十二条

《劳动合同法实施条例》第五条、第六条、第七条

《劳务派遣暂行规定》第二十六条

小贴士

《劳动合同法》明确规定了建立劳动关系需要签订书面劳动合同，《劳动合同法》中专门规定自用工之日起一个月内应该与劳动者签订书面劳动合同，用人单位自用工之日起超过一个月不满一年未与劳动者订立书面劳动合同的，应当向劳动者每月支付二倍的工资。

41. 为什么劳务派遣合同的期限必须在二年以上?

与一般劳动合同不同，《劳动合同法》就劳务派遣中的劳动合同期限做出了法定限制，即应当订立二年以上固定期限劳动合同。这是因为：短期劳务派遣会使被派遣劳动者职业生涯缺乏连续性、稳定性和安全性，对劳动者伤害巨大。为了保护处于弱势地位的劳动者的就业安定权，使劳动者获得清晰的职业预期，同时也是为了促使劳务派遣单位规范用工，《劳动合同法》特别做出这一规定。这对于稳定劳务派遣劳动关系，保护被派遣劳动者合法权益，具有积极的意义。

→法条链接

《劳动合同法》第五十八条第二款

《劳务派遣暂行规定》第五条

小贴士

劳务派遣单位不能与劳动者约定订立无固定期限劳动合同和以完成一定工作任务为期限的劳动合同，而应当订立二年以上的固定期限劳动合同。

42. 劳务派遣单位可以与被派遣劳动者约定试用期吗？

劳务派遣单位是《劳动合同法》上所称的“用人单位”，可以按照《劳动合同法》的规定与被派遣劳动者约定试用期，但是劳务派遣单位与同一被派遣劳动者只能约定一次试用期。因用工单位与被派遣劳动者之间不存在劳动关系，故用工单位是不能与被派遣劳动者约定试用期的。

试用期期限应该符合《劳动合同法》的有关规定：试用期包含在劳动合同期限内，劳动合同期限一年以上不满三年的，试用期不得超过二个月；三年以上固定期限和无固定期限的劳动合同，试用期不得超过六个月。被派遣劳动者在试用期的工资既不得低于劳务派遣单位相同岗位最低档工资或者劳动合同约定工资的80%，也不得低于劳务派遣单位所在地的最低工资标准。劳务派遣单位跨地区派遣劳动者的，被派遣劳动者享有的劳动报酬和劳动条件，按照用工单位所在地的标准执行，因此，跨地区被派遣劳动者在试用期的工资也不得低于用工单位所在地的最低工资标准。

→法条链接

《劳动合同法》第十九条、第二十条、第八十三条

《劳动合同法实施条例》第十五条

《劳务派遣暂行规定》第二十三条

小贴士

被派遣劳动者应该谨记此条，最多只能与劳务派遣单位约定一次试用期。试用期也有要求工资的权利，了解本地区的最低工资标准，首先要高于这个最低标准；其次不能比正式工作时工资低太多，80%是个底

线，否则，被派遣劳动者都有权利要求用工单位提高工资，或者诉诸法律。

此外，很多实际用工单位在被派遣劳动者进入单位后，为了减少工资的支付，还是要求被派遣劳动者有一定时间的试用期，这看着合理，实际上是违法行为，劳动者如果遇到此种情况可以拒绝接受，要求用工单位支付与正式工作相同的报酬。

43. 什么是无效劳动合同，被派遣劳动者如何处理无效劳动合同?

无效劳动合同，是指当事人违反法律规定订立的不具有法律效力的劳动合同。无效劳动合同的表现形式有：一是以欺诈、胁迫的手段或者乘人之危，使对方在违背真实意思的情况下订立或者变更劳动合同的无效。二是用人单位免除自己的法定责任、排除劳动者权利的无效。三是违反法律、行政法规强制性规定的合同无效。

实践中劳务派遣合同无效，通常的情况有：劳务派遣单位不够资质；被派遣劳动者未被告知所从事岗位具有职业危害而签订的合同；用人单位与劳动者签订“生死合同”等。

无效劳动合同从订立时起就没有法律约束力。劳动合同部分无效的，如果不影响其余部分的效力，其余部分仍然有效。

被派遣劳动者可向劳动争议仲裁机构或者向人民法院申请确认劳务派遣合同无效。

→法条链接

《劳动法》第十八条

《劳动合同法》第二十六条、第二十七条

小贴士

劳务派遣合同被确认无效，被派遣劳动者已经付出劳动的，用人单位应当向劳动者支付劳动报酬。

44. 劳务派遣单位应当对被派遣劳动者履行哪些义务？

《劳务派遣暂行规定》第八条对劳务派遣单位应当对被派遣劳动者履行的义务作了具体规定，包括以下内容：

（1）如实告知被派遣劳动者《劳动合同法》第八条规定的事项、应遵守的规章制度以及劳务派遣协议的内容。

（2）建立培训制度，对被派遣劳动者进行上岗知识、安全教育培训。

（3）按照国家规定和劳务派遣协议约定，依法支付被派遣劳动者的劳动报酬和相关待遇。

（4）按照国家规定和劳务派遣协议约定，依法为被派遣劳动者缴纳社会保险费，并办理社会保险相关手续。

（5）督促用工单位依法为被派遣劳动者提供劳动保护和劳动安全卫生条件。

（6）依法出具解除或者终止劳动合同的证明。

（7）协助处理被派遣劳动者与用工单位的纠纷。

（8）法律、法规和规章规定的其他事项。

需要强调的是，劳务派遣单位既是《劳动合同法》所说的用人单位，又是派遣单位，应当对被派遣劳动者承担比普通用人单位更多的义务，比如：劳务派遣单位应当将劳务派遣协议的内容告知被派遣劳动者；不得克扣用工单位按照劳务派遣协议支付给被派遣劳动者的劳动报酬；不得向被派遣劳动者收取费用；应当与被派遣劳动者订立二年以上的固定期限劳动合同；被派遣劳动者在无工作期间，应当按照所在地人民政府规定的最低工资标准，向其按月支付报酬；等等。

→法条链接

《劳动合同法》第八条、第九条、第十条、第六十条

《劳务派遣暂行规定》第八条

小贴士

为了切实保护被派遣劳动者的合法权利，《劳务派遣暂行规定》针对劳务派遣单位的义务进行了专门明确。这是被派遣劳动者和劳务派遣之间劳动合同应该载明的。因为被派遣劳动者获得劳动报酬、获得各种社会保险、社会福利等待遇都是从此份合同中体现，而且，为了保护被派遣劳动者的工作安全，防止安全生产事故和职业病伤害，劳务派遣单位有义务监督实际用工单位为被派遣劳动者提供这些保护，并在被派遣劳动者与用工单位出现劳动纠纷时，劳务派遣单位也有义务协助处理。特别是被派遣劳动者在无工作期间，能够从劳务派遣单位按月领取报酬，这在一定程度上解决了被派遣者离开实际用工单位后面临无最低生活保障的后顾之忧。

除了被派遣劳动者和劳务派遣单位之间的合同外，劳务派遣协议也是一份很重要的合同。虽然劳动者并不是劳务派遣协议的当事人，但法律规定劳务派遣单位应当将劳务派遣协议的内容告知被派遣劳动者。这样，被派遣劳动者知道自己的劳动报酬后就可以监督用工单位，防止工资被非法克扣，所以劳务派遣单位如实告知被派遣劳动者劳务派遣协议的内容至关重要，也是劳务派遣单位应当对被派遣劳动者所履行的义务。

45. 用工单位如何履行对被派遣劳动者的义务?

用工单位应当对被派遣劳动者履行下列义务:

（1）执行国家劳动标准，提供相应的劳动条件和劳动保护；

（2）告知被派遣劳动者的工作要求和劳动报酬；

（3）支付加班费、绩效奖金，提供与工作岗位相关的福利待遇；

（4）对在岗被派遣劳动者进行工作岗位所必需的培训；

（5）连续用工的，实行正常的工资调整机制。

用工单位不得将被派遣劳动者再派遣到其他用人单位。

→法条链接

《劳动合同法》第六十二条

《劳动合同法实施条例》第二十九条

小贴士

用工单位虽不是劳动法意义上的用人单位，但由于被派遣劳动者实际在用工单位提供劳动，接受用工单位的管理，因此，用工单位同样需对被派遣劳动者负有相应的义务。

46. 被派遣劳动者可以参加工会吗？

可以。依照《工会法》、《劳动合同法》、《中国工会章程》和《中华全国总工会关于组织劳务派遣工加入工会的规定》，被派遣劳动者有权在劳务派遣单位或者用工单位依法参加或者组织工会，维护自身的合法权益。

（1）劳务派遣单位和用工单位都应当依法建立工会组织，吸收劳务派遣工加入工会，任何组织和个人不得阻挠和限制。劳务派遣工应首先选择参加劳务派遣单位工会，劳务派遣单位工会委员会中应有相应比例的劳务派遣工会员作为委员会成员。劳务派遣单位没有建立工会组织的，劳务派遣工直接参加用工单位工会。

（2）在劳务派遣工会员接受派遣期间，劳务派遣单位工会可以委托用工单位工会代管。劳务派遣单位工会与用工单位工会签订委托管理协议，明确双方对会员组织活动、权益维护等的责任与义务。

→法条链接

《劳动合同法》第六十四条

《工会法》第三条

小贴士

加入工会的具体程序是：（1）本人自愿申请。由要求入会的劳务派遣工向所在单位工会提出申请，填写《中华全国总工会入会申请书》和《工会会员登记表》，报基层工会委员会。(2) 基层工会委员会批准并发给《工会会员证》。没有建立工会组织的单位的劳务派遣工，有组织和参加工会的意愿，可以向企业党组织或上级工会表达建会入会意愿。在本单位党组织和上级工会的指导下成立本单位建会筹备组。筹备组负责发展会员、筹备召开会员大会或会员代表大会。经过民主选举产生工会委员会、经费审查委员会、女工委员会和工会主席（副主席）。暂时无法建立工会的企业的劳务派遣工，也可以直接向企业所在地的社区、村工会申请加入工会组织。

47. 被派遣劳动者的工会经费如何缴纳使用？

依照《工会法》、《中国工会章程》和《中华全国总工会关于组织劳务派遣工加入工会的规定》，劳务派遣工的工会经费应由用工单位按劳务派遣工工资总额的百分之二提取并拨付劳务派遣单位工会，属于应上缴上级工会的经费，由劳务派遣单位工会按规定比例上缴。用工单位工会接受委托管理劳务派遣工会员的，工会经费留用部分由用工单位工会使用或由劳务派遣单位工会和用工单位工会协商确定。

→法条链接

《工会法》第四十二条

《中国工会章程》第三十六条

《中华全国总工会关于组织劳务派遣工加入工会的规定》

48. 被派遣劳动者同工同酬的权利是指什么？

同工同酬，是指用人单位对于从事相同工作、付出等量劳动且取得相同劳绩的劳动者，应支付同等的劳动报酬。同工同酬包含两层意思：一方面，同工同酬是为了进一步贯彻按劳分配原则，体现出提供同等价值的劳动者实行同一工资支付制度；另一方面，是为了防止工资分配中的歧视行为，保护不同性别、不同年龄、不同身份的劳动者公平获得劳动报酬。同工同酬是劳动者享有的宪法权利，但在劳务派遣领域，同工不同酬现象广泛存在且非常突出。对于被派遣劳动者而言，提供同样劳动，得到的劳动报酬却远远低于企业内部正式职工。

鉴于此，《劳动合同法》明确规定了被派遣劳动者享有同工同酬的权利。

（1）被派遣劳动者享有与用工单位的劳动者同工同酬的权利。用工单位无同类岗位劳动者的，参照用工单位所在地相同或者相近岗位劳动者的劳动报酬确定。

（2）被派遣劳动者在无工作期间，劳务派遣单位应当按照所在地人民政府规定的最低工资标准，向其按月支付报酬。

（3）用工单位有向被派遣劳动者支付加班费、绩效奖金，提供与工作岗位相关的福利待遇的义务。

→法条链接

《劳动合同法》第六十三条

小贴士

需要注意的是，法律规定在相同的岗位上，用工单位的员工与被派遣劳动者必须实行同样的薪酬制度、同样的绩效考核、同样的考量标准，这里要求的是实行相同的劳动报酬分配办法，并没有规定工资数额要完全一样，因为学历、技术等级、工作业绩等方面的不同可能将核算出不同的工资金额。

49. 被派遣劳动者的工资如何发放？

根据《劳动合同法》的相关规定，劳务派遣单位应当按月向被派遣劳动者支付劳动报酬。其中，又可以分为以下几种具体情况：

（1）在正常情况下，被派遣劳动者的劳动报酬由用工单位承担，并按照劳务派遣协议支付劳务派遣单位，再由劳务派遣单位直接支付给被派遣劳动者。劳务派遣单位不得克扣用工单位按照劳务派遣协议支付给被派遣劳动者的劳动报酬。

（2）被派遣劳动者无工作期间，其劳动报酬由劳务派遣单位直接承担。劳务派遣单位应当按照所在地人民政府规定的最低工资标准，向劳动者按月支付报酬。

（3）对于被派遣劳动者的加班费、绩效奖金以及与工作岗位相关的福利待遇，则由用工单位直接支付和提供。

（4）被跨地区派遣的被派遣劳动者，其劳动报酬按用工单位所在地的标准执行。

→法条链接

《劳动合同法》第五十八条、第六十一条、第六十二条

小贴士

一般情况下，用工单位会根据劳务派遣协议的约定，按月管理和考核被派遣劳动者的工作情况，确定被派遣劳动者应发工资总额、社会保险费、加班费、个人所得税、住房公积金等，每月底划拨到劳务派遣单位财务账上，劳务派遣单位代发全部被派遣劳动者的工资、代扣个人所得税、代扣社会保险金。

50. 劳动合同中劳动报酬不明确时被派遣劳动者怎么办？

劳动报酬是劳动者提供劳动的回报，是劳动合同的主要内容，也是劳动者主要的合同权利。在订立劳动合同时，约定劳动报酬一定要明确、具体，包括明确劳动报酬的法律后果等相关内容。实践中一些用人单位在订立劳动合同时，对劳动报酬处理模糊，或者口头约定，因此常常引发劳动争议。而被派遣劳动者基于他们与劳务派遣单位签订的劳动合同而为用工单位提供劳务，与用工单位之间不存在劳动合同关系，他们之间的权利义务关系比较复杂，在行使权利与保护方面处于劣势。如

果劳动合同中劳动报酬不明确时，被派遣劳动者可按以下规定向劳务派遣单位主张权利。

（1）适用集体合同的规定。集体合同对用人单位和劳动者均具有约束力。因此，如果协商不成，用人单位有集体合同的，就应当适用集体合同的规定。

（2）按照同工同酬原则确定。根据《劳动合同法》的有关规定，被派遣劳动者享有与用工单位的劳动者同工同酬的权利。即被派遣劳动者可以主张与从事相同劳动、付出等量劳动且取得劳动成绩的劳动者一样获得同等的劳动报酬。用工单位无同类岗位，参照用工单位所在地相同或相近岗位劳动者的报酬确定其劳动报酬。

→法条链接

《劳动合同法》第十一条

《劳务派遣暂行规定》第七条

小贴士

用人单位在生产过程中支付给劳动者的全部报酬包括三部分：一是货币工资，即用人单位以货币形式直接支付给劳动者的各种工资、奖金、津贴、补贴等；二是实物报酬，即用人单位以免费或低于成本价提供给劳动者的各种物品和服务等；三是社会保险，指用人单位为劳动者直接向社会保险部门支付的养老、医疗、工伤、失业、生育等保险费用。

51. 用工单位可以向被派遣劳动者提供的与工作岗位相关的福利待遇包括哪些？

一般情况下，用工单位可以向被派遣劳动者提供的与工作岗位相关的福利待遇包括：

（1）为职工卫生保健、生活等发放或支付的各项现金补贴和非货币性福利。如供暖费补贴、防暑降温费、节日补助、按月发放的午餐费补贴、住房补贴、交通（车改）补贴、通讯补贴等。

（2）职工困难补助，或者企业统筹建立和管理的专门用于帮助、救济困难职工的基金支出。

（3）按规定发生的其他职工福利费。包括丧葬补助费、抚恤费、职工异地安家费、独生子女费、探亲假路费，以及符合企业职工福利相关规定的其他支出。

→法条链接

《劳动合同法》第六十二条

《劳务派遣暂行规定》第九条

小贴士

以往在福利费用中开支的过节费、年节假日发放的物品现已纳入工资、薪金所得；年终奖、季度奖、年终加薪同样也已纳入工资、薪金所得；如果上述费用用工单位继续以福利的方式支付，被派遣劳动者应同样享受。

52. 被派遣劳动者有加班加点工资吗？

加班工资即延长工作时间的工资，是根据加班加点的多少，以劳动合同确定的正常工作时间工资标准的一定倍数计算向职工所支付的劳动报酬。

被派遣劳动者的加班工资是被派遣劳动者按用工单位生产和工作的需要在规定工作时间之外继续生产或者工作所获得的劳动报酬，是不固定的，不可能在劳动合同和派遣协议中提前规定出具体数额。为此，《劳动合同法》第六十三条规定：被派遣劳动者享有与用工单位的劳动者同工同酬的权利。除工资外，加班费、效益奖金、福利，这些都是被派遣劳动者应当与用工单位的其他劳动者一样享有的，一般由接受派遣的用工单位发给被派遣劳动者。

→法条链接

《劳动合同法》第六十二条、第六十三条

《劳务派遣暂行规定》第八条

小贴士

《劳动合同法》第六十二条也明确规定，用工单位应当履行下列义务：告知被派遣劳动者的工作要求和劳动报酬；支付加班费、绩效奖金，提供与工作岗位相关的福利待遇……劳务派遣单位、被派遣劳动者、用工单位应该对加班问题作出支付约定，以明确责任。

53. 被派遣劳动者的加班工资如何计算？

用工单位在被派遣劳动者完成劳动定额或规定的工作任务后，根据实际需要安排被派遣劳动者在法定标准工作时间以外工作的，应按以下标准支付工资：

（1）用工单位依法安排被派遣劳动者在日法定标准工作时间以外延长工作时间的，按照不低于劳动合同规定的被派遣劳动者本人小时工资标准的150%支付被派遣劳动者工资。

（2）用工单位依法安排被派遣劳动者在休息日工作，而又不能安排补休的，按照不低于劳动合同规定的被派遣劳动者本人日或小时工资标准的200%支付被派遣劳动者工资。

（3）用工单位依法安排被派遣劳动者在法定休假节日工作的，按照不低于劳动合同规定的其本人日或小时工资标准的300%支付被派遣劳动者工资。

实行计件工资的被派遣劳动者，在完成计件定额任务后，由用工单位安排延长工作时间的，应根据上述规定的原则，分别按照不低于其本人法定工作时间计件单件的150%、200%、300%支付其工资。

经劳动行政部门批准实行综合计算工时工作制的，工作日正好是周休息日的，属于正常工作；工作日正好是法定节假日时，要依照《劳动法》关于安排劳动者在法定节假日工作的规定支付被派遣劳动者的工资报酬。其综合计算工作时间超过法定标准工作时间的部分，应视为延长工作时间，并应按上述规定支付被派遣劳动者延长工作时间的工资。实行不定时工时制度的劳动者，不执行上述规定。

实行计时工资制的被派遣劳动者的日工资按其本人月工资标准除以平均每月法定工作天数进行计算。

→法条链接

《劳动法》第四十四条

《劳动合同法》第三十一条、第六十二条

《工资支付暂行规定》第十三条

小贴士

劳动法律法规对加班工资的规定没有行业性区别，对所有劳动者都应一视同仁。

54. 被派遣劳动者工资被克扣、拖欠时怎么办？

我国《劳动法》第五十条规定："工资应当以货币形式按月支付给劳动者本人。不得克扣或者无故拖欠劳动者的工资。"这一规定包含以下两方面内容：

（1）用人单位不得克扣职工工资。职工如果在法定时间内提供了正常的劳动，就有权领取足额工资，这是职工的合法权益，受法律保护，任何单位不得非法克扣职工工资，否则便构成对劳动者合法权益的侵害。同时必须明确的是，根据我国现行的有关法律法规，在下列情况下扣除职工部分工资不属于《劳动法》所规定的非法克扣工资行为：由于劳动者本人过失造成事故，使单位和他人财产遭受损失时依法赔偿损失；职工本人违反劳动纪律、旷工或事假超过一定期限，按本单位有关管理制度扣除一定数额工资；法院委托单位扣除的抚养费、赡养费或赔偿费等；职工按约定应偿还用人单位的债务；法律规定应由职工本人负担的社会保险费用；法律要求用人单位代为扣缴的个人所得税税金。

（2）工资的支付应当按月进行，日期也应当是固定的。用人单位应在每个月固定的日期按时向劳动者支付工资，不得无故拖欠。在遇到节假日或休息日的情况下，则应提前在最近的工作日内支付工资。

用人单位遇到非人力所能抗拒的自然灾害、战争等原因或确因生产经营困难、资金周转受到影响，无法按时支付工资的，在征得本单位工会同意后，可暂时延期支付职工工资。但延期时间须有限制，延期时间的最长限制可由各省、自治区、直辖市劳动行政部门根据各地情况确定。其他情况下拖欠工资均属无故拖欠。

依据《劳动合同法》及相关法律法规，如果劳务派遣单位克扣或无故拖欠工资，被派遣劳动者可以通过以下途径追讨工资：

（1）与劳务派遣单位协商。被派遣劳动者可以自行与劳务派遣单位协商，也可以寻求工会帮助，通过工会与用人单位进行协商。

（2）向劳动争议调解委员会申请调解。

（3）向劳动行政部门投诉。县级以上人民政府劳动行政部门有权对用人单位违法行为进行处理，劳务派遣单位如果拖欠被派遣劳动者工资，被派遣劳动者可以向劳动监察举报，通过行政手段来维护自己的合法权益。

（4）向劳动争议仲裁委员会申请仲裁。

（5）向人民法院起诉。被派遣劳动者手中如果有用人单位出具的工资欠条，可以直接向人民法院起诉；符合申请支付令条件的，可以直接向人民法院申请支付令。

→法条链接

《劳动法》第五十条

小贴士

如果因用工单位拖欠被派遣劳动者工资而引发的劳务派遣争议，劳务派遣单位和用工单位为共同被告，对工资的支付，被派遣劳动者有权主张劳务派遣单位承担连带责任。

55. 被派遣劳动者可享受带薪年休假吗？

休息权是我国宪法规定的公民权利，劳动者应当平等享有。为了平等保护各类职工的休息休假权利，充分调动广大职工的工作积极性，2007 年 12 月，国务院颁布了《职工带薪年休假条例》，规定：机关、团体、企业、事业单位、民办非企业单位、有雇工的个体工商户等单位的职工连续工作 1 年以上的，享受带薪年休假（简称年休假）。单位应当保证职工享受年休假。但条例并未对被派遣劳动者的年休假作出规定，为此，2008 年 7 月，人力资源和社会保障部出台了《企业职工带薪年休假实施办法》，对被派遣劳动者的年休假进行明确：

（1）劳务派遣单位的职工符合本办法第三条规定条件的，享受年休假。第三条规定为：职工连续工作满 12 个月以上的，享受带薪年休假 。

（2）被派遣职工在劳动合同期限内无工作期间由劳务派遣单位依法支付劳动报酬的天数多于其全年应当享受的年休假天数的，不享受当年的年休假；少于其全年应当享受的年休假天数的，劳务派遣单位、用工单位应当协商安排补足被派遣职工年休假天数。

→法条链接

《职工带薪年休假》第二条

《企业职工带薪年休假实施办法》第三条、第四条、第五条、第十四条

小贴士

年休假的计算方式为：（1）年休假天数根据职工累计工作时间确定。职工在同一或者不同用人单位工作期间，以及依照法律、行政法规或者国务院规定视同工作期间，应当计为累计工作时间。（2）职工新进用人单位且符合本办法第三条规定的，当年度年休假天数，按照在本单位剩余日历天数折算确定，折算后不足 1 整天的部分不享受年休假。折算方法为：（当年度在本单位剩余日历天数 ÷365 天）×职工本人全年应当享受的年休假天数。

56. 被派遣劳动者享受年休假时工资如何发放？

《企业职工带薪年休假实施办法》的规定：

（1）职工在年休假期间享受与正常工作期间相同的工资收入。

（2）计算未休年休假工资报酬的日工资收入按照职工本人的月工资除以月计薪天数（21.75 天）进行折算。这里的月工资是指职工在用人单位支付其未休年休假工资报酬前 12 个月剔除加班工资后的月平均工资。在本用人单位工作时间不满 12 个月的，按实际月份计算月平均工资。

（3）实行计件工资、提成工资或者其他绩效工资制的职工，日工资收入的计发办法按照上述（2）的规定执行。

（4）用人单位与职工解除或者终止劳动合同时，当年度未安排职工休满应休年休假的，应当按照职工当年已工作时间折算应休未休年休假天数并支付未休年休假工资报酬，但折算后不足 1 整天的部分不支付未休年休假工资报酬。折算方法为：（当年度在本单位已过日历天数÷365 天）×职工本人全年应当享受的年休假天数－当年度已安排年休假天数。

（5）用人单位当年已安排职工年休假的，多于折算应休年休假的天数不再扣回。

→法条链接

《企业职工带薪年休假实施办法》第十一条 、第十二条、第十五条

小贴士

用人单位不安排职工休年休假又不依照《职工带薪年休假条例》及《企业职工带薪年休假实施办法》规定支付未休年休假工资报酬的，由县级以上地方人民政府劳动行政部门依据职权责令限期改正；对逾期不改正的，除责令该用人单位支付未休年休假工资报酬外，用人单位还应当按照未休年休假工资报酬的数额向职工加付赔偿金；对拒不执行支

付未休年休假工资报酬、赔偿金行政处理决定的，由劳动行政部门申请人民法院强制执行。

57. 谁来对在岗被派遣劳动者进行工作岗位所必需的培训？

劳务派遣单位应当按照用工单位的要求派遣符合后者要求的劳动者。但如果用工单位在接受被派遣劳动者后认为按照本单位的岗位需要进一步对劳动者进行培训的，则由用工单位自己负责对在岗被派遣劳动者进行工作岗位所必需的培训，该费用由用工单位承担。

→法条链接

《劳动合同法》第六十二条

《劳动法》第六十八条

小贴士

从事技术工种的被派遣劳动者，上岗前必须经过培训。

58. 如何保障被派遣劳动者进行安全培训教育的权利？

（1）生产经营单位（这里指用工单位）使用被派遣劳动者的，应当将被派遣劳动者纳入本单位从业人员统一管理，对被派遣劳动者进行岗位安全操作规程和安全操作技能的教育和培训。

（2）劳务派遣单位应当对被派遣劳动者进行必要的安全生产教育和培训，保证被派遣劳动者具备必要的安全生产知识，知悉自身在安全生产方面的权利和义务。

→法条链接

《劳动合同法》第六十二条

《安全生产法》第二十五条

《劳务派遣暂行规定》第八条

小贴士

被派遣劳动者应当接受安全生产教育和培训，掌握本职工作所需的安全生产知识，提高安全生产技能，增强事故预防和应急处理能力。

59. 用工单位如何履行对被派遣劳动者提供相应的劳动条件和劳动保护的义务?

用工单位必须执行国家劳动标准，向被派遣劳动者提供相应的劳动条件和劳动保护。劳动条件是指劳动者完成劳动任务的必要条件，如必要的劳动工具、工作场所、劳动经费和技术资料等必不可少的物质技术条件和其他工作条件。劳动保护是指用工单位为了保障劳动者在劳动过程中的身体健康与生命安全，预防伤亡事故和职业病的发生，而采取的有效措施。在生产劳动过程中，存在着各种不安全、不卫生的因素，国家为了保障劳动者的身体健康和生命安全，通过制定相应的法律和行政法规，规定劳动保护规则，以保护劳动者的健康和安全。在劳动保护方面，凡是国家有标准规定的，用工单位必须按照国家标准执行，不得使劳动者的生命安全受到威胁、身体健康受到侵害。

→法条链接

《劳动合同法》第六十二条

《安全生产法》第四十一条、第四十二条

小贴士

用工单位必须为被派遣劳动者提供符合国家标准或者行业标准的劳动防护用品，并监督、教育被派遣劳动者按照使用规则佩戴、使用。

60. 被派遣劳动者的各项社会保险由谁缴纳？

由哪一方为被派遣劳动者缴纳各项社会保险是由劳务派遣单位和实际用工单位协商并在劳务派遣协议中明确的。但不管如何约定，劳务派遣单位或用工单位都必须为被派遣劳动者缴纳各项社会保险费，不能互相推脱，侵犯被派遣劳动者的权益。

→法条链接

《劳动合同法》第五十九条

《劳务派遣暂行规定》第七条第（五）项、第十八条、第十九条

小贴士

目前，一些地方依据《劳务派遣暂行规定》出台了地方性规定，如天津制定了《劳务派遣用工参加社会保险有关问题暂行规定》，自2015年1月1日起实施。规定明确：用工单位负责代劳务派遣单位为本单位使用的被派遣劳动者办理参保登记手续。劳务派遣单位应缴纳的社会保险费及其被派遣劳动者的个人缴费部分，用工单位不再拨付到劳务派遣单位，直接缴纳至社会保险经办机构。参加社会保险的被派遣劳动者，按照国家和本市有关规定享受相应的社会保险待遇，相关手续仍由劳务派遣单位负责办理。用工单位与劳务派遣单位应当在劳务派遣协议中约定用工单位代劳务派遣单位为被派遣劳动者缴纳社会保险费的具体标准、缴费时间、确认方式以及违反协议的责任等内容。

61. 跨地区劳务派遣的社会保险问题怎样解决?

为防止劳务派遣单位侵害被派遣劳动者的合法权益，实现跨地区被派遣劳动者与用工单位职工的“同工同保”，《劳务派遣暂行规定》明确了跨地区派遣劳动者的参保地区、缴费标准和缴费主体。具体规定为：

（1）劳务派遣单位应当在用工单位所在地为被派遣劳动者办理社会保险，按照用工单位所在地的规定缴纳社会保险费。

（2）劳务派遣单位在用工单位所在地设立分支机构的，由分支机构办理参保手续，缴纳社会保险费；未在用工单位所在地设立分支机构的，由用工单位代为被派遣劳动者办理参保手续，缴纳社会保险费。

→法条链接

《社会保险法》第四条、第十条、第二十三条、第三十三条、第四十四条、第五十三条、第五十八条

《劳务派遣暂行规定》第十八条、第十九条

小贴士

这里提到的分支机构是相对企业整体而言的，是指由企业法人为实现其职能而在总部之外设立的，可以自己的名义进行民事活动，但是不能独立承担民事责任的非法人组织，如分公司、分行、营业部、门市部、办事处等。《企业法人登记管理条例》第三十五条规定：“企业法人设立不能独立承担民事责任的分支机构，由该企业法人申请登记，经登记主管机关核准，领取《营业执照》，在核准登记的经营范围内从事经营活动。”

62. 被派遣劳动者在用工单位因工作遭受事故伤害的，应当由哪个单位依法申请工伤认定?

被派遣劳动者在用工单位因工作遭受事故伤害的，应当由劳务派遣单位依法申请工伤认定，用工单位应当协助工伤认定的调查核实工作。

劳务派遣单位是用人单位，应当按照《工伤保险条例》第十七条、第十八条的规定，自事故伤害发生之日或者职工被诊断、鉴定为职业病之日起30日内，向统筹地区社会保险行政部门提出工伤认定申请，并承担工伤保险责任。但因为劳务派遣单位没有实际用工，用工单位应当协助工伤认定的调查核实工作。劳务派遣单位没有在规定时间提出工伤认定申请的，遭受工伤的被派遣劳动者或者其直系亲属、劳务派遣单位工会组织在事故伤害发生之日或被诊断、鉴定为职业病之日起一年内，可以直接向劳务派遣单位所在地统筹地区社会保险部门提出工伤认定申请。被派遣劳动者的工伤保险责任只能由劳务派遣单位承担，但是劳务派遣单位和用工单位可以在劳务派遣协议中约定具体的补偿办法，比如可以约定劳务派遣单位承担的工伤保险待遇等费用由用工单位支付等。

→法条链接

《劳动合同法》第八十八条

《劳动合同法实施条例》第三十五条

《劳务派遣暂行规定》第十条

《工伤保险条例》第十七条、第十八条

小贴士

《劳动合同法实施条例》中模糊提到了用工单位违反《劳动合同法》有关劳动派遣规定给被派遣劳动者造成损害的，劳务派遣单位和用工单位承担连带赔偿责任，这种连带责任容易造成被派遣劳动者遭遇工伤后，无法得到有效及时的赔偿，劳动者作为弱势群体，很难与有丰富财力物力的劳动派遣单位或用工单位走拉锯式的法律程序。《劳务派遣暂行规定》明确了劳务派遣单位的责任，被派遣劳动者出现工伤或者疑似工伤时，可以直接找到劳务派遣单位，由劳务派遣单位与用工单位直接对话，二者根据法律规定和劳务派遣协议规定进行磋商解决，可以使被派遣劳动者或其家属避免推诿，安心处理工伤等后续事宜。

63. 被派遣劳动者在申请进行职业病诊断、鉴定时，应当由劳务派遣单位还是用工单位负责？

被派遣劳动者在申请进行职业病诊断、鉴定时，用工单位应当负责处理职业病诊断、鉴定事宜。

根据《职业病防治法》的相关规定，劳动者在申请进行职业病诊断、鉴定时，用人单位应当如实提供职业病诊断、鉴定所需的劳动者职业史和职业病危害接触史、工作场所职业病危害因素检测结果等资料。劳务派遣单位虽然属于《劳动合同法》所说的用人单位，但并非用工单位，只负责工资的发放，社会保险的代收代缴，劳动合同的签订、续订和解除等人事管理工作，而被派遣劳动者在用工单位调配和管理下提供劳动、进行工作，被派遣劳动者在申请进行职业病诊断、鉴定时，由直接用工的用工单位负责处理职业病诊断、鉴定事宜，更容易操作，也更有利于保护被派遣劳动者合法权益。因此，《劳务派遣暂行规定》第十条规定："被派遣劳动者在申请进行职业病诊断、鉴定时，用工单位应当负责处理职业病诊断、鉴定事宜，并如实提供职业病诊断、鉴定所需的劳动者职业史和职业危害接触史、工作场所职业病危害因素检测结果等资料。劳务派遣单位应当提供被派遣劳动者职业病诊断、鉴定所需的其他材料。"

→法条链接

《劳动合同法》第八十条、第八十八条

《劳动合同法实施条例》第三十五条

《劳务派遣暂行规定》第十条

《职业病防治法》第四十一条、第四十八条

小贴士

被派遣劳动者虽然与劳务派遣单位签订了劳动合同，但是实际上更多的是与用工单位打交道，提供劳动。被派遣劳动者对用工单位的生产条件或者可能导致职业病的安全生产隐患比较熟悉，同样，用工单位对被派遣劳动者的身体状况和平时工作的状态也较了解，对被派遣劳动者职业史和职业危害接触史、工作场所职业病危害因素等掌握第一手资料，所以由实际用工单位负责处理职业病诊断、鉴定事宜合情合理。

64. 用工单位不为被派遣劳动者提供职业病诊断相关资料时怎么办？

（1）职业病诊断、鉴定过程中，用工单位不提供工作场所职业病危害因素检测结果等资料的，诊断、鉴定机构应当结合被派遣劳动者的临床表现、辅助检查结果和被派遣劳动者的职业史、职业病危害接触史，并参考被派遣劳动者的自述、安全生产监督管理部门提供的日常监督检查信息等，作出职业病诊断、鉴定结论。

（2）诊断、鉴定机构应当提请安全生产监督管理部门进行调查，安全生产监督管理部门应当自接到申请之日起三十日内对存在异议的资料或者工作场所职业病危害因素情况作出判定；有关部门应当配合。

（3）用工单位解散、破产的，由安监部门进行调查。原用工单位工作场所已经不存在的，安监部门可以通过查阅有关历史材料，或者对该地区同类企业工作场所的调查，进行比对，从而确定被派遣劳动者曾经工作的用工单位工作场所的职业病危害情况。

→法条链接

《职业病防治法》第四十八条、第四十九条

《职业病诊断与鉴定管理办法》第二十四条至第二十八条

小贴士

职业病诊断难、鉴定难是当前我国职业病防治工作面临的突出的问题之一。主要是用人单位在职业病诊断、鉴定过程中不依法提供相关资料，导致劳动者无法提出职业病诊断申请。在这种情况下，为使得职业病诊断、鉴定工作能够继续进行，《职业病防治法》第四十八条的规定，用人单位应当如实提供职业病诊断、鉴定所需的劳动者职业史和职业病危害接触史、工作场所职业病危害因素检测结果等资料；安全生产监督管理部门应当监督检查和督促用人单位提供上述资料；劳动者和有关机构也应当提供与职业病诊断、鉴定有关的资料。

65. 用工单位在哪些情形下可以将被派遣劳动者退回劳务派遣单位？

劳务派遣劳动者退回，是指用工单位无权行使解除或者终止权，但因发生法定解除或终止的情形，而由用工单位将被派遣劳动者返回给劳务派遣单位，由劳务派遣单位来处理被派遣劳动者的一种做法。

为保障被派遣劳动者的就业稳定性，防止用工单位无正当理由随意退回被派遣劳动者，《劳务派遣暂行规定》在《劳动合同法》第六十五条第二款的基础上进一步明确了用工单位可以退回劳动者的情形。

（1）用工单位有《劳动合同法》第四十条第（三）项、第四十一条规定情形的；

（2）用工单位被依法宣告破产、吊销营业执照、责令关闭、撤销、决定提前解散或者经营期限届满不再继续经营的；

（3）劳务派遣协议期满终止的。

被派遣劳动者退回后在无工作期间，劳务派遣单位应当按照不低于所在地人民政府规定的最低工资标准，向其按月支付报酬。

→法条链接

《劳动合同法》第四十条第（三）项、第四十一条、第六十五条

《劳务派遣暂行规定》第十二条

小贴士

《劳动合同法》第四十条第（三）项规定：劳动合同订立时所依据的客观情况发生重大变化，致使劳动合同无法履行，经用人单位与劳动者协商，未能就变更劳动合同内容达成协议的。第四十一条规定：（1）依照企业破产法规定进行重整的；（2）生产经营发生严重困难的；

(3) 企业转产、重大技术革新或者经营方式调整，经变更劳动合同后，仍需裁减人员的；(4) 其他因劳动合同订立时所依据的客观经济情况发生重大变化，致使劳动合同无法履行的。

66. 哪些被派遣劳动者不得退回?

如果被派遣劳动者有《劳动合同法》第四十二条规定的情形的，在派遣期限届满前，用工单位不得依据《劳务派遣暂行规定》第十二条第一款第（一）项的规定，即用工单位不得依据企业进行重整；生产经营发生严重困难；企业转产、重大技术革新或者经营方式调整，经变更劳动合同后，仍需裁减人员；因劳动合同订立时所依据的客观经济情况发生重大变化，致使劳动合同无法履行等情形为由，将被派遣劳动者退回劳务派遣单位。派遣期限届满的，应当延续至相应情形消失时方可退回。

→法条链接

《劳动合同法》第四十二条

《劳务派遣暂行规定》第十三条

小贴士

《劳动合同法》第四十二条规定：劳动者有下列情形之一的，用人单位不得依照本法第四十条、第四十一条的规定解除劳动合同：(1) 从事接触职业病危害作业的劳动者未进行离岗前职业病健康检查，或者疑似职业病病人在诊断或者医学观察期间的；(2) 在本单位患职业病或者因工负伤并被确认丧失或者部分丧失劳动能力的；(3) 患病或者非因工负伤，在规定的医疗期内的；(4) 女职工在孕期、产期、哺乳期的；(5) 在本单位连续工作满十五年，且距法定退休年龄不足五年的；(6) 法律、行政法规规定的其他情形。

四、解除和终止劳务派遣劳动合同需要注意什么

67. 劳务派遣劳动合同可以解除吗？

可以。解除劳动合同是指劳动合同订立后，尚未全部履行以前，由于某种原因导致劳动合同一方或双方当事人提前消灭劳动关系的法律行为。劳动合同的解除分为法定解除和约定解除。

（1）法定解除是指出现国家法律法规或者合同规定的可以解除劳动合同的情况时，不需要双方当事人一致同意，合同效力可以自然或单方提前终止。

（2）约定解除是指合同双方当事人因某种原因，在完全自愿的情况下，经协商，在彼此达成一致的基础上提前终止劳动合同的效力。

由于劳动合同的解除是在当事人未完全履行合同规定法律行为的情况下发生的，当事人双方订立劳动合同的目的没有实现或没有彻底实现，必然将给一方或者双方造成影响。在这种情况下，用人单位与劳动者协商一致，可以解除劳动合同。

→法条链接

《劳动合同法》第三十六条

《劳动法》第二十四条

小贴士

当事人双方约定解除劳动合同，只能在劳动合同订立之后，尚未履行或者未全部履行之前进行。

68. 被派遣劳动者跟谁解除劳务派遣劳动合同？

由于劳务派遣劳动合同是劳务派遣单位与被派遣劳动者协商一致签订的、明确双方权利义务的协议，所以被派遣劳动者只能与劳务派遣单位解除劳动合同。

→法条链接

《劳动合同法》第六十五条

小贴士

实践中有被派遣劳动者向用工单位辞职的情况，这是无效的。因接受劳务派遣的用工单位与被派遣劳动者不存在劳动关系，用工单位不能直接开除、辞退被派遣劳动者，在法律规定的情形出现时，用工单位可以将被派遣劳动者退回劳务派遣单位，由劳务派遣单位确定是否解除与被派遣劳动者的劳动关系。同时，用工单位也不能接受被派遣劳动者向其提出的离职。能接受被派遣劳动者离职的只有与其建立劳动关系的劳务派遣单位。

69. 什么情形下被派遣劳动者可以与劳务派遣单位解除劳动合同？

劳务派遣单位与被派遣劳动者之间建立的是劳动关系，因此，《劳动合同法》规定的劳动者可解除劳动合同的情形同样的适用于被派遣劳动者与劳务派遣单位。《劳动合同法》第六十五条规定，被派遣劳动者可以依照本法第三十六条、第三十八条的规定与劳务派遣单位解除劳动合同。因此，被派遣劳动者在以下情形下可以与劳务派遣单位解除劳动合同：

（1）被派遣劳动者与劳务派遣单位协商一致，可以解除劳动合同；

（2）劳务派遣单位未按照劳动合同约定提供劳动保护或者劳动条件的；

（3）劳务派遣单位未及时足额支付劳动报酬的；

（4）劳务派遣单位未依法为被派遣劳动者缴纳社会保险费的；

（5）劳务派遣单位的规章制度违反法律、法规的规定，损害被派遣劳动者权益的；

（6）劳务派遣单位以欺诈、胁迫的手段或者乘人之危，使对方在违背真实意思的情况下订立或者变更劳动合同，致使劳动合同无效的；

（7）劳务派遣单位免除自己的法定责任、排除被派遣劳动者权利，致使劳动合同无效的；

（8）劳务派遣单位订立的劳动合同违反法律、行政法规强制性规定而导致无效的；

（9）用人单位以暴力、威胁或者非法限制人身自由的手段强迫劳动者劳动的，或者用人单位违章指挥、强令冒险作业危及劳动者人身安全的。

（10）法律、行政法规规定被派遣劳动者可以解除劳动合同的其他情形。

→法条链接

《劳动合同法》第三十六条、第三十八条、第六十五条

小贴士

需要指出的是，在劳务派遣单位没有违法的情况下，被派遣劳动者主动提出解除劳动合同一般是没有经济补偿金的。

70. 被派遣劳动者解除劳动合同需要履行哪些手续？

（1）被派遣劳动者提前30日以书面形式通知劳务派遣单位，可以解除劳动合同。

（2）被派遣劳动者在试用期内提前3日通知劳务派遣单位，可以解除劳动合同。

（3）劳务派遣单位应当将被派遣劳动者通知解除劳动合同的情况及时告知用工单位。

→法条链接

《劳动合同法》第三十七条

《劳务派遣暂行规定》第十四条

小贴士

被派遣劳动者在试用期解除劳动合同，劳务派遣单位可以不支付经济补偿金，但应该按照劳动者的实际工作天数支付工资。

71. 被派遣劳动者被用工单位退回后，劳务派遣单位应如何处理？

被派遣劳动者被用工单位退回后，劳务派遣单位应区分情形依法妥善处理与被派遣劳动者的劳动关系。

（1）被派遣劳动者有《劳动合同法》第三十九条和第四十条第（一）项、第（二）项规定情形的，劳务派遣单位依照《劳动合同法》第六十五条第二款的规定可以与被派遣劳动者解除劳动合同。

（2）用工单位以《劳务派遣暂行规定》第十二条规定的情形将被派遣劳动者退回劳务派遣单位，如劳务派遣单位重新派遣时维持或者提高劳动合同约定条件，劳动者不同意的，劳务派遣单位可以解除劳动合同；如劳务派遣单位重新派遣时降低劳动合同约定条件，劳动者不同意的，劳务派遣单位不得解除劳动合同。此外，在被派遣劳动者退回后无工作期间，劳务派遣单位应按照不低于所在地人民政府规定的最低工资标准，向其按月支付报酬。

→法条链接

《劳动合同法》第三十九条、第四十条、第六十五条

《劳务派遣暂行规定》第十二条

小贴士

《劳动合同法》第三十九条规定：劳动者有下列情形之一的，用人

单位可以解除劳动合同：（1）在试用期间被证明不符合录用条件的；（2）严重违反用人单位的规章制度的；（3）严重失职，营私舞弊，给用人单位造成重大损害的；（4）劳动者同时与其他用人单位建立劳动关系，对完成本单位的工作任务造成严重影响，或者经用人单位提出，拒不改正的；（5）因本法第二十六条第一款第（一）项规定的情形致使劳动合同无效的；（6）被依法追究刑事责任的。

72. 劳务派遣单位不再继续经营的，劳动合同可以终止吗？

劳务派遣单位被依法宣告破产、吊销营业执照、责令关闭、撤销、决定提前解散或者经营期限届满不再继续经营的，劳动合同一方主体资格已经消灭，与被派遣劳动者之间的劳动合同终止。在这种情况下，用工单位应当与劳务派遣单位协商妥善安置被派遣劳动者。

→法条链接

《劳务派遣暂行规定》第十六条

小贴士

劳动合同终止后，关于被派遣劳动者的安置问题，《劳务派遣暂行规定》并没有明确规定，仅规定由用工单位与劳务派遣单位协商决定。但这并不表示用工单位与劳务派遣单位可以随意安置被派遣劳动者，双方必须协商作出妥善的有利于被派遣劳动者的安置方案。

73. 什么是经济补偿金，什么是经济赔偿金？

经济补偿金是用人单位解除或终止劳动合同时，用人单位依法一次性支付给劳动者的经济上的补偿。我国法律一般称作“经济补偿”。

经济赔偿金是用人单位违反劳动法律规定解除或者终止劳动合同的向劳动者支付的赔偿。

经济补偿金和经济赔偿金都是劳动合同解除时对劳动者的一种经济

补救措施，但两者之间在使用方式上有区别：经济补偿金是用人单位依法解除或者终止劳动合同，符合《劳动合同法》第四十六条规定的，应当依法支付的补偿；而经济赔偿金是用人单位违法解除或终止劳动合同时，在劳动者不要求继续履行劳动合同或者劳动合同已经不能继续履行的情况下，用人单位应当依照《劳动合同法》第八十七条的规定向劳动者支付赔偿金。

→法条链接

《劳动法》第二十四条、第二十八条

《劳动合同法》第四十六条、第八十七条

小贴士

换句话说，经济补偿金和经济赔偿金最大的不同，在于补偿金是发生在一种合法情形下，而赔偿金是发生在一种违法情形下。

74. 协商一致解除劳动合同有经济补偿吗?

协商一致解除劳动合同时是否支付经济补偿，需要视情况而定。劳务派遣单位向被派遣劳动者提出解除劳动合同并与被派遣劳动者协商一致解除劳动合同的，应当支付经济补偿。反之，被派遣劳动者向劳务派遣单位提出解除劳动合同并与劳务派遣单位协商一致解除劳动合同的，则劳务派遣单位不必向被派遣劳动者支付经济补偿。

→法条链接

《劳动合同法》第三十七条

小贴士

在《劳动合同法》制定过程中，考虑到有的情况下劳动者主动跳槽，与用人单位协商解除劳动合同，此时劳动者一般不会失业，或者对失业早有准备，如果要求用人单位支付经济补偿不太合理，因此对协商解除情形下，给予经济补偿的条件作了一定限制。

75. 什么情形下被派遣劳动者主动解除劳动合同并能够获得经济补偿金，经济补偿金的数额如何计算？

《劳动合同法实施条例》第三十一条规定，劳务派遣单位或者被派遣劳动者依法解除、终止劳动合同的经济补偿，依照《劳动合同法》第四十六条、第四十七条的规定执行。

根据《劳动合同法》第四十六条的规定，当用人单位有下列情形时，劳动者可主动解除劳动合同（随时可解除，但要通知用人单位），并有权获得经济补偿：

（1）未按照劳动合同约定提供劳动保护或者劳动条件的；

（2）未及时足额支付劳动报酬的；

（3）未依法为劳动者缴纳社会保险费的；

（4）用人单位的规章制度违反法律、法规的规定，损害劳动者权益的；

（5）因用人单位过错致使劳动合同无效的；

（6）法律、行政法规规定劳动者可以解除劳动合同的其他情形。

（7）用人单位以暴力、威胁或者非法限制人身自由的手段强迫劳动者劳动的，或者用人单位违章指挥、强令冒险作业危及劳动者人身安全的。此种特殊情形下，劳动者以保障自己的安全为第一要务，可立即走人，不需事先告知用人单位，劳动合同随即自行解除。经济补偿只能由劳动者事后向原用人单位追偿。

经济补偿按劳动者在本单位工作的年限，每满一年支付一个月工资的标准向劳动者支付。六个月以上不满一年的，按一年计算；不满六个月的，向劳动者支付半个月工资的经济补偿。劳动者月工资高于用人单位所在直辖市、设区的市级人民政府公布的本地区上年度职工月平均工资三倍的，向其支付经济补偿的标准按职工月平均工资三倍的数额支付，向其支付经济补偿的年限最高不超过十二年。

→法条链接

《劳动合同法》第三十八条、第四十六条、第四十七条

《劳动合同法实施条例》第三十一条

《劳务派遣暂行规定》第十二条

小贴士

需要注意的是，这里所称劳动者月工资是指劳动者在劳动合同解除或者终止前十二个月的平均工资。

76. 劳务派遣协议与劳动合同解除后被派遣劳动者仍在用工单位工作的怎么处理？

用工单位与劳务派遣单位签订的派遣协议和被派遣劳动者的劳动合同同时到期，如派遣劳动者不再续签劳动合同，则该劳务派遣用工关系结束。此时被派遣劳动者仍在原用工单位工作，该用工单位亦支付其劳动报酬并进行管理的，则该劳动者与原用工单位双方实际上新建立了事实劳动用工关系。因此，被派遣劳动者劳动合同到期或者派遣协议到期之前，用工单位必须与劳务派遣单位联系，书面提出是否需要再用工和继续签订劳务派遣协议，否则可能会造成事实用工状况的出现，致使用工单位承担相应的法律责任。

→法条链接

《劳务派遣暂行规定》第十四条

小贴士

为避免不必要的损失，劳务派遣协议和劳动合同到期的，劳务派遣单位必须及时办理续订或解除手续，并应及时通过有效途径将续订和解除通知书交给被派遣劳动者，还应做好签收登记手续，以备以后查询。

77. 用工单位要求提早结束劳务派遣协议的怎么处理?

在实际工作中，用工单位由于种种原因有时需要提早结束与劳务派遣单位签订的派遣协议。对于这一情况，一般应提前一个月书面通知对方，并与被派遣劳动者协商解除劳务关系，给被派遣劳动者一定的经济补偿，但如果被派遣劳动者不选择协商解除方案，劳务派遣单位应当继续履行劳动合同，依法支付被派遣劳动者无工作期间的报酬，缴纳社会保险费，合同期满时，也应依法支付经济补偿。

→法条链接

《劳动合同法》第五十九条

小贴士

这里，由于是用工单位要求提早结束劳务派遣协议，所以与被派遣劳动者解除劳动合同的经济补偿与其他相关费用也应全部由用工单位承担。

78. 劳务派遣劳动合同到期，被派遣劳动者不打算续签劳动合同，但其与用工单位签订的培训协议的服务期未到期，怎么办?

（1）被派遣劳动者需要按照培训协议的约定履行合同到服务期满。

（2）被派遣劳动者不履行培训协议约定的服务期的，应按《劳动合同法》第二十二条规定承担赔偿责任：劳动者违反服务期约定的，应当按照约定向用人单位支付违约金。约定违反服务期违约金的数额不得超过用人单位提供的培训费用。违约时，劳动者所支付的违约金不得超过服务期尚未履行部分所应分摊的培训费用。

→法条链接

《劳动合同法》第二十二条

小贴士

用人单位为劳动者提供专项培训费用，对其进行专业技术培训的，可以与该劳动者订立协议，约定服务期。

79. 实践中，已经有部分用工单位将原劳务派遣协议改为业务外包协议或承揽合同，以规避法律责任，对此应如何处理？

《劳动合同法》修改决定公布后，有的劳务派遣单位和用工单位采取劳务承揽、业务外包的方式应对法律对劳务派遣的规制。为防止这种规避法律责任的行为，切实维护被派遣劳动者的合法权益，《劳务派遣暂行规定》第二十七条明确规定，用人单位以承揽、外包等名义，按劳务派遣用工形式使用劳动者的，按照本规定处理。这一规定将有效遏制用人单位“假外包，真派遣”的现象。

→法条链接

《劳务派遣暂行规定》第二十七条

小贴士

劳务外包是指企业将公司内的部分业务或职能工作发包给相关的法人、非法人机构或个人，由其自行安排人员按照企业的要求完成相应的业务或内容。用人单位把业务发包给承包单位，但仍然对该承包单位的劳动者的劳动过程直接进行管理，即只是改变合同名称，而没有改变合同内容，在实际操作流程一如既往，这种以外包之名行劳务派遣之实即所谓“假外包，真派遣”。

判断用人单位是否按劳务派遣用工方式使用劳动者的标准，在于劳动者的工作内容、工作方式、工作时间等是否由用人单位进行直接的管理安排。另外，若发包方对劳动者实施了直接控制后，仍然使用发包方的厂房、设施、设备、工具等，更可能被认定为劳务派遣。

五、法律责任谁来担

80. 什么是法律责任，它有哪些形式?

法律责任，是指法律关系中的主体由于其违法行为，按照法律规定必须承担的法律后果。法律责任只能由有权的国家机关依法予以追究。

违反劳动法的法律责任，是指企业、个体经济组织、国家机关、事业组织和社会团体等单位或职工因违反劳动法律法规，造成或可能造成一定损失，对此应承担的法律责任。

根据《劳动法》的规定，违反劳动法的责任包括行政责任、民事责任和刑事责任三种：

（1）行政责任。是指企业、个体经济组织、国家机关、事业组织、社会团体等单位的领导或职工违反劳动法、企业内部劳动规章而引起的在行政上应承担的法律后果。这种违法行为程度轻微，不够追究刑事责任，其制裁方式可分为行政处分与行政处罚。行政处分包括警告、记过、记大过、降级、降职、撤职、留用察看、开除；行政处罚的形式一般有警告、罚款、拘留、没收或吊销营业执照、责令停产停业等。违反劳动法的行政处罚由劳动保障行政部门和有关行政机关进行。

（2）民事责任。是指劳动关系当事人一方违反了劳动法的规定或双方的约定，而导致其应承担的民事法律责任。根据《劳动法》第十一条的规定，违反劳动法的民事责任可分为两种，一种是违反劳动合同所应承担的民事责任；另一种是侵害劳动者或用人单位权利所应承担的民事责任。如用人单位违法解除劳动合同给劳动者造成损害的，要承担赔偿责任；劳动者违反劳动合同中约定的保密事项给用人单位造成损失的，要承担赔偿责任等。

（3）刑事责任。是指行为违反了刑法规定，构成犯罪所应承担的法律责任。对情节和后果严重，已构成犯罪的人员要依法追究刑事责任。凡是违反劳动法情节严重，触犯刑律构成犯罪的行为，应当追究刑事责任。

→法条链接

《劳动法》第十一条

小贴士

劳动法律责任根据责任主体可以划分为用人单位的劳动法律责任、劳动者的劳动法律责任、有关劳动行政部门的法律责任。其中，用人单位的劳动法律责任是劳动法律责任的基本内容。

81. 未经许可，擅自经营劳务派遣业务的，怎么处理？

任何单位和个人违反《劳动合同法》的规定，未经许可，擅自经营劳务派遣业务的，由人力资源社会保障行政部门责令停止违法行为，没收违法所得，并处违法所得一倍以上五倍以下的罚款；没有违法所得的，可以处五万元以下的罚款。

→法条链接

《劳动合同法》第九十二条

《劳务派遣行政许可实施办法》第三十一条

《劳务派遣暂行规定》第二十条

小贴士

依照《劳务派遣行政许可实施办法》规定，经营劳务派遣业务首先应当向劳动行政部门依法申请行政许可，经许可之后，才能依照《公司法》有关规定，向工商行政管理部门办理相应的公司登记。未经许可，不得擅自经营劳务派遣业务。

82. 劳务派遣单位、用工单位违反《劳动合同法》和《劳动合同法实施条例》有关劳务派遣规定的，如何处理？

劳务派遣单位、用工单位违反《劳动合同法》和《劳动合同法实施条例》有关劳务派遣规定的，由劳动行政部门责令限期改正；逾期不改正的，以每人5000元以上10000元以下的标准处以罚款，对劳务派遣单位，吊销其劳务派遣业务经营许可证。用工单位给被派遣劳动者造成损害的，劳务派遣单位与用工单位承担连带赔偿责任。在诉讼中，被派遣劳动者既可以单独起诉用工单位或劳务派遣单位，也可将二者列为共同被告。用工单位和劳务派遣单位都应当对损害被派遣劳动者权益承担赔偿责任。

→法条链接

《劳动合同法》第九十二条

《劳动合同法实施条例》第三十五条

《劳务派遣暂行规定》第二十条

小贴士

这里有个法律适用的问题。《劳动合同法实施条例》第三十五条规定，用工单位违反《劳动合同法》和《劳动合同法实施条例》有关劳务派遣规定的，由劳动行政部门和其他有关主管部门责令改正；情节严重的，以每位被派遣劳动者1000元以上5000元以下的标准处以罚款。修订后的《劳动合同法》第九十二条第二款规定，劳务派遣单位、用工单位违反《劳动合同法》和《劳动合同法实施条例》有关劳务派遣规定的，由劳动行政部门责令限期改正；逾期不改正的，以每人5000元以上10000元以下的标准处以罚款，对劳务派遣单位，吊销其劳务派遣业务经营许可证。这里在处罚上加强了力度。《劳务派遣暂行规定》专门指明按照《劳动合同法》第九十二条规定处罚，也就是说罚款部分，在惩罚力度选择较重的处罚，即以每人5000元以上10000元以下的标准处以罚款。

83. 劳务派遣单位非法解除和终止劳动合同的，如何处理？

劳务派遣单位违反《劳务派遣暂行规定》解除或者终止被派遣劳动者劳动合同的，按照《劳动合同法》第四十八条、第八十七条规定执行。

（1）被派遣劳动者要求继续履行劳动合同的，劳务派遣单位应当继续履行。劳务派遣单位违反《劳务派遣暂行规定》解除或者终止劳动合同的，首先要尊重被派遣劳动者的意愿，如果被派遣劳动者权衡利弊后，要求继续履行劳动合同的，劳务派遣单位应当继续履行，以保护被派遣劳动者的合法权益。

（2）被派遣劳动者不要求继续履行劳动合同或者劳动合同已经不能继续履行的，劳务派遣单位应当依照《劳动合同法》第八十七条规定支付赔偿金。赔偿金的标准为经济补偿金的二倍。

→法条链接

《劳动合同法》第四十七条、第四十八条、第八十七条

《劳动合同法实施条例》第二十五条，第二十七条

《劳务派遣暂行规定》第二十一条

小贴士

经济补偿金与经济赔偿金二者是否可以同时适用？《劳动合同法实施条例》第二十五条规定，用人单位违反《劳动合同法》的规定解除或者终止劳动合同，依照《劳动合同法》第八十七条的规定支付了赔偿金的，不再支付经济补偿。赔偿金的计算年限自用工之日起计算。

84. 劳务派遣单位违法约定试用期的，如何处理？

劳务派遣单位可以依法与被派遣劳动者约定试用期。劳务派遣单位与同一被派遣劳动者只能约定一次试用期。劳务派遣单位违反法律规定与被派遣劳动者约定试用期的，由劳动行政部门责令改正；违法约定的试用期已经履行的，由劳务派遣单位以被派遣劳动者试用期满月工资为标准，按已经履行的超过法定试用期的期限向劳动者支付赔偿金。

→法条链接

《劳动合同法》第十九条、第二十条、第二十一条、第八十三条

《劳动合同法实施条例》第十八条、第二十条

《劳务派遣暂行规定》第六条、第二十三条

小贴士

劳务派遣单位违法约定试用期的情形包括：一是约定的试用期超过法律规定的最高时限。依照《劳动合同法》第十九条规定，劳动合同期限一年以上不满三年的，试用期不得超过二个月；三年以上固定期限和无固定期限的劳动合同，试用期不得超过六个月。二是同一劳务派遣单位与同一劳动者约定了超过一次的试用期。

劳务派遣单位违反法律规定与被派遣劳动者约定试用期，所约定的试用期如果还没有实际履行的，由劳动行政部门责令劳务派遣单位予以改正，使之符合法律规定；如果违法约定的试用期已经实际履行，则由劳务派遣单位以劳动者月工资为标准，按已经履行的试用期的期限向劳动者支付赔偿金。应当注意的是，支付的赔偿金不能代替正常的劳动报酬。

85. 用工单位违反程序确定辅助性岗位的，如何处理？

用工单位确定辅助性岗位有严格的程序要求。《劳务派遣暂行规定》要求用工单位决定使用劳务派遣的辅助性岗位，应当经职工代表大会或者全体职工讨论，提出方案和意见，与工会或者职工代表平等协商

确定，并在用工单位内公示。因此，用工单位决定使用劳务派遣的辅助性岗位时，首先应当经职工代表大会或者全体职工讨论，提出方案和意见之后，与工会或者职工代表平等协商，岗位确定后，还应当在用工单位内公示。用工单位违反以上程序的，由人力资源社会保障行政部门责令改正，给予警告；给被派遣劳动者造成损害的，依法承担赔偿责任。

→法条链接

《劳动合同法》第四条、第六条、第六十六条

《劳务派遣暂行规定》第三条

《全民所有制工业企业职工代表大会条例》第七条、第十一条、第十二条

《职工民主管理规定》第三条

小贴士

在企业，职工代表大会拥有审议通过企业的经济责任制方案、工资调整方案、奖金分配方案、劳动保护措施方案、奖惩办法、安全生产措施等重要规章制度的建立、修改和废除；审议决定职工福利基金使用方案和其他有关职工生活福利的重大事项的权利。职工代表负有密切联系群众、代表职工合法权益，如实反映职工群众的意见和要求的义务。企业工会委员会作为企业职工代表大会的工作机构，承担着维护职工合法权益的义务。这些都是用工单位确定某一岗位是否是辅助性岗位从而确定是否使用被派遣劳动者的直接参与者。职工代表、工会干部都要高度负责，行使好自己的权利。

86. 用工单位违法退回被派遣劳动者的，如何处理？

《劳务派遣暂行规定》明确了用工单位将被派遣劳动者退回及禁止退回的法定情形，用工单位违反规定退回被派遣劳动者的，应当按照《劳动合同法》第九十二条第二款规定执行。即由劳动行政部门责令限期改正；逾期不改正的，以每人 5000 元以上 10000 元以下的标准处以

罚款，对劳务派遣单位，吊销其劳务派遣业务经营许可证。用工单位给被派遣劳动者造成损害的，劳务派遣单位与用工单位承担连带赔偿责任。

→法条链接

《劳动合同法》第四十七条、第四十八条、第八十七条

《劳动合同法实施条例》第二十七条

《劳务派遣暂行规定》第二十一条

小贴士

连带责任是指各个责任人对外都不分份额，不分先后次序地根据权利人的请求承担责任。在权利人提出请求时，各个责任人不得以超过自己应承担的部分为由而拒绝。也就是说，用工单位违法将被派遣劳动者退回劳务派遣单位给被派遣劳动者造成损害的，被派遣劳动者可以找用工单位赔偿损失，也可以找劳务派遣单位解决，二者均不能拒绝。但是从两者处获得的赔偿总额不能超过受损失总额。

87. 用工单位超比例使用被派遣劳动者，如何处理？

用工单位在《劳务派遣暂行规定》施行前（2014 年 3 月 1 日）使用被派遣劳动者数量超过其用工总量 10% 的，应当制定调整用工方案，于规定施行之日起 2 年内降至规定比例。但是，《全国人民代表大会常务委员会关于修改〈中华人民共和国劳动合同法〉的决定》公布前（2012 年 12 月 28 日）已依法订立的劳动合同和劳务派遣协议的期限届满日期在《劳务派遣暂行规定》施行之日起 2 年后的，可以依法继续履行至期限届满。

用工单位应当将制定的调整用工方案报当地人力资源社会保障行政部门备案。

用工单位未将《劳务派遣暂行规定》施行前使用的被派遣劳动者数量降至符合规定比例之前，不得新用被派遣劳动者。

→法条链接

《劳动合同法》第六十六条

《全国人民代表大会常务委员会关于修改〈中华人民共和国劳动合同法〉的决定》

《劳务派遣暂行规定》第二十九条

小贴士

被派遣劳动者的总数≤用工总量的10%，体现了劳务派遣用工是一种补充性的用工形式。需要注意的是，此处规定的是用工单位使用被派遣劳动者的比例，而非集团公司，因为如果以集团为单位，可能造成集团内部分单位劳务派遣比例高于10%、部分单位低于10%，总体低于10%的情况。同时，用工单位的“用工总量”不包含学生实习工、返聘工和外包工。

六、被派遣劳动者如何依法维权

88. 什么情况下被派遣劳动者可以向劳动监察机构举报以维护自身合法权益，怎样举报?

劳务派遣单位与用工单位有下列情形的，被派遣劳动者可以向劳动监察机构举报以维护自身合法权益：

（1）劳务派遣单位未与被派遣劳动者签订劳动合同；

（2）不按时足额发放工资和执行最低工资标准；

（3）不按时交纳社会保险；

（4）超时加班加点不支付工资的；

（5）向被录用人员收取保证金或抵押金等变相收费；

（6）非法使用童工；

（7）招用未取得相应职业资格证书的职工从事特殊技术工种工作的；

（8）社会劳务中介机构和培训机构违反有关规定；

（9）招聘被派遣劳动者不办理备案手续。

被派遣劳动者可采取电话举报、信件举报、当面反映举报等形式向当地劳动监察机构反映以上两单位的违法行为，劳动监察机构对符合规定的举报，要在7日内立案查处。

→法条链接

《劳动保障监察条例》第二十三条至第二十九条

小贴士

劳动监察机构接到群众举报的违法案件后应认真研究，对属于被派遣劳动者与劳务派遣单位和用工单位的劳动争议案件，建议当事人按劳动争议处理程序办理；对属于严重违反劳动法规的案件，可转请下级劳动部门查处，必要时应派员参加。

89. 什么是劳动争议？

劳动争议是指建立劳动关系的用人单位和职工之间，因劳动权利和义务产生分歧而引起的争议。

根据规定，作为劳动争议当事人的用人单位和职工包括：（1）企业、个体经济组织、民办非企业单位等组织与其职工；（2）机关、事业单位、社会团体与其建立劳动关系的职工；（3）依法成立的会计师事务所、律师事务所等合伙组织及基金会与其职工；（4）用人单位设立的依法取得营业执照或登记证书、作为独立用工主体的分支机构与其职工；（5）劳务派遣和非全日制用工、个人承包经营用工、不具备合法经营资格用工的用工单位与其职工。职工与劳务派遣单位或者用工单位发生劳动争议，劳务派遣单位和用工单位为共同当事人。

根据国家规定，下列劳动争议属于劳动争议仲裁委员会、人民法院等劳动争议处理机构受理劳动争议案件的范围：（1）因确认劳动关系发生的争议；（2）因订立、履行、变更、解除、终止劳动合同发生的争议；（3）因除名、辞退和辞职、离职发生的争议；（4）因工作时间、休息休假、社会保险、福利、培训以及劳动保护发生的争议；（5）因劳动报酬、工伤医疗费、经济补偿或者赔偿金等发生的争议；（6）法律、法规规定的其他劳动争议。

实施公务员法的机关与聘任制公务员、参照公务员法管理的机关（单位）与聘任工作人员之间，事业单位、社会团体与工作人员之间，以及军队文职人员聘用单位与文职人员之间发生的劳动争议，只要符合劳动争议的受案范围，劳动争议仲裁委员会应予受理。

→法条链接

《劳动法》第一条、第二条

《最高人民法院关于审理劳动争议案件适用法律若干问题的解释（二）》第十条

小贴士

处理劳动争议，要遵循合法、公正、及时、着重调解的原则。合法是指处理劳动争议应当按照法律法规的规定进行；公正是指处理劳动争议必须符合社会所认可的公平正义；及时是指劳动争议发生后，在法定阶段应当尽快处理矛盾；着重调解是指以协商、沟通等平和的方式解决劳动争议，化解劳资纠纷。处理劳动争议，必须坚持这些基本要求。

90. 被派遣劳动者如何处理劳动争议？

被派遣劳动者与劳务派遣单位或用工单位发生劳动争议的，以劳务派遣单位和用工单位为共同当事人，依照以下规定处理。

（1）协商。发生劳动争议，被派遣劳动者可以与劳务派遣单位或用工单位协商，也可以请工会或者第三方共同与劳务派遣单位或用工单位协商，达成和解协议。

（2）调解。发生劳动争议，当事人不愿协商、协商不成或者达成和解协议后不履行的，可以向企业劳动争议调解委员会、依法设立的基层人民调解组织或者在乡镇、街道设立的具有劳动争议调解职能的组织申请调解。当事人申请劳动争议调解可以书面申请，也可以口头申请。自劳动争议调解组织收到调解申请之日起 15 日内未达成调解协议的，当事人可以依法申请仲裁。因支付拖欠劳动报酬、工伤医疗费、经济补偿或者赔偿金事项达成调解协议，劳务派遣单位或用工单位在协议约定期限内不履行的，被派遣劳动者可以持调解协议书依法向人民法院申请支付令。

（3）申请仲裁或提起诉讼。不愿调解、调解不成或者达成调解协议后不履行的，可以向劳动争议仲裁委员会申请仲裁；对仲裁裁决不服的，除《劳动争议调解仲裁法》另有规定的外，可以向人民法院提起诉讼。

→法条链接

《劳动争议调解仲裁法》第五条

《最高人民法院关于审理劳动争议案件适用法律若干问题的解释（二）》第十条

小贴士

发生劳动争议后，被派遣劳动者可以按照以上四个程序进行处理或者申请处理。前一个程序解决了的，此后的程序就不再进行。

91. 发生劳动争议谁来举证？

“谁主张、谁举证”是我国民事诉讼法的一般举证原则，劳动争议案件的举证责任，也应当适用这一原则。举证责任，也称证明责任，指司法机关或是某些当事人应当收集或是提供证据证明应予认定的案件事实或有利于自己的主张；否则将承担其认定、主张不能成立的责任。

在劳动争议中，一般情况下，原告对自己的主张负有举证责任。只有在特殊情况下适用用人单位举证责任倒置的原则。特殊情况包括开除、除名、辞退、解除劳动合同、减少劳动报酬、计算劳动者工作年限等劳动者无法提供由用人单位掌握管理的证据，这个时候法律规定由用人单位提供相关证据。同时由于用人单位制定的规章制度、职工的档案材料、考勤记录、工资发放记录、交纳社会保险记录、福利设施和待遇发放记录、劳动安全设施材料等都掌握在用人单位一方，劳动者对这些证据是不可能具有举证能力的。因此《劳动争议调解仲裁法》第六条规定：发生劳动争议，当事人对自己提出的主张，有责任提供证据。与争议事项有关的证据属于用人单位掌握管理的，用人单位应当提供；用人单位不提供的，应当承担不利后果。

→法条链接

《劳动争议调解仲裁法》第六条

《最高人民法院关于审理劳动争议案件适用法律若干问题的解释(二)》第十三条

《最高人民法院关于民事诉讼证据的若干规定》第六条

小贴士

劳动争议中的劳动者与用人单位，在法律地位上是平等的。但由于存在彼此隶属关系的实际地位上的不平等，因此由劳动者取证较困难，所以，当用人单位作出开除、除名、辞退、解除劳动合同、减少劳动报酬、计算劳动者工作年限等决定并因此进入仲裁或诉讼程序时，用人单位应对其作出该决定的行为负有举证责任。

92. 被派遣劳动者如何申请劳动争议调解?

被派遣劳动者可以与用人单位协商，也可以请工会或第三方参与协商，达成和解协议。不愿协商、协商不成或者达成和解协议后不履行的，被派遣劳动者可以向劳动争议调解组织申请调解。

被派遣劳动者可以口头或书面形式向调解组织提出调解申请。经调解达成协议的，由调解委员会制作调解协议书，由双方当事人签名或者盖章，经调解员签名并加盖调解组织印章后生效。

调解协议书对双方当事人具有约束力，当事人应当履行。当事人可以共同向劳动争议仲裁委员会提出申请，经劳动争议仲裁委员会审理后，调解协议书可以置换为劳动争议仲裁调解书。

劳动争议调解组织未达成调解协议，或者达成调解协议后用人单位在约定期限内不履行的，被派遣劳动者可以申请仲裁。因支付拖欠劳动报酬、工伤医疗费、经济补偿或者赔偿金事项双方达成调解协议，劳务派遣单位在约定期限内不履行的，被派遣劳动者可以持调解协议书依法向人民法院申请支付令。在仲裁和诉讼中，调解协议书具有证据效力，可以作为裁决和判决的依据。

→法条链接

《劳动争议调解仲裁法》第四条

《企业劳动争议协商调解规定》第八条、第九条

小贴士

目前我国主要有三类调解组织：一是企业劳动争议调解委员会，设立在用人单位内部。二是基层人民调解委员会，一般设立在城市和农村社区以及乡镇街道。三是在乡镇、街道设立的具有劳动争议调解职能的组织，主要设立在小型非公企业比较集中的乡镇、街道、社区和行业。

93. 被派遣劳动者如何申请劳动争议仲裁？

不愿协商、调解的，协商、调解不成或达成和解、调解协议后不履行的，被派遣劳动者可以向劳动争议仲裁委员会申请仲裁。被派遣劳动者也可以不经协商、调解，直接向劳动争议仲裁委员会申请仲裁。

被派遣劳动者向劳动争议仲裁委员会申请仲裁，应当自知道或者应当知道其权利被侵害之日起一年内向仲裁委员会提出申请。劳动关系存续期间因拖欠劳动报酬发生争议的，被派遣劳动者申请仲裁不受一年时效期间限制；但是，劳动关系终止的，应当自劳动关系终止之日起一年内提出。

被派遣劳动者申请仲裁应提交书面申请，确有困难的，可以口头申请。申请书应当写明当事人双方基本情况、仲裁请求、事实和理由等。

被派遣劳动者应向劳动合同履行地或者用人单位所在地的劳动争议仲裁委员会申请仲裁。劳动争议仲裁委员会收到仲裁申请之日起5日内，认为符合受理条件的，应当受理，并通知申请人；认为不符合受理条件的，应当书面通知申请人不予受理，并说明理由。对劳动争议仲裁委员会不予受理或逾期未作出受理决定的，申请人可以就该劳动争议事项向人民法院提起诉讼。劳动争议仲裁委员会应当在受理案件之日起

60 日内作出裁决。逾期未作出仲裁裁决的，被派遣劳动者可以就该劳动争议事项向人民法院提起诉讼。

对追索劳动报酬、工伤医疗费、经济补偿金或者赔偿金的案件，被派遣劳动者可以申请劳动争议仲裁庭裁决先予执行，不用提供担保。

→法条链接

《劳动争议调解仲裁法》第五条、第二十七条、第四十四条

小贴士

劳动争议仲裁不收费。

94. 被派遣劳动者如何到法院打劳动争议官司？

被派遣劳动者对劳动争议仲裁委员会不予受理、逾期未作出受理决定或已经受理但逾期未作出仲裁裁决的，可以就该争议事项向人民法院提起诉讼；对仲裁委员会受理完毕作出的仲裁裁决不服的，可以自收到仲裁裁决书之日起 15 日内向人民法院提起诉讼。

依据《最高人民法院关于审理劳动争议案件适用法律若干问题的解释（二)》第十条的规定：“劳动者因履行劳动力派遣合同产生劳动争议而起诉，以派遣单位为被告；争议内容涉及接受单位的，以派遣单位和接受单位为共同被告。”被派遣劳动者应根据劳动争议事由选择适格的被告来起诉。

被派遣劳动者向人民法院起诉，应当递交起诉状，书写确有困难的可以口头起诉。起诉状的内容包括：双方当事人基本情况，有诉讼代理人的写明代理人的基本情况和代理权限；诉讼请求和所依据的事实和理由；证据和证据来源等。

人民法院审理劳动争议案件，实行两审终审制。被派遣劳动者不服一审判决或裁定，可以在法定期限内向上一级人民法院提出上诉，启动二审程序。二审法院的判决、裁定，是终审的判决、裁定，自送达之日起具有法律效力。

劳务派遣单位拖欠或未足额支付劳动报酬的，被派遣劳动者可依法向法院申请支付令；支付令被法院裁定终结督促程序后，被派遣劳动者就该争议事项应先向劳动争议仲裁委员会申请仲裁。

被派遣劳动者对已经发生法律效力的判决、裁定，认为有错误的；或对已经发生法律效力的调解书，提出证据证明调解违反自愿原则或者调解协议的内容违反法律的，可以向上一级人民法院申请再审。

→法条链接

《民事诉讼法》第二章、第三章

《最高人民法院关于审理劳动争议案件适用法律若干问题的解释》（二）

小贴士

劳动争议进入诉讼程序后，除有特殊规定外，应按照民事诉讼程序审理。

95. 劳务派遣单位及用工单位不执行劳动争议仲裁裁决、判决时，被派遣劳动者怎么办？

对因支付拖欠劳动报酬、工伤医疗费、经济补偿金或者赔偿金事项达成调解协议，劳务派遣单位和用工单位在约定期限内不履行，被派遣劳动者可持调解协议书向人民法院申请支付令，支付令被法院裁定终结督促程序的，被派遣劳动者可以依据调解协议直接向法院提起诉讼。

因追索劳动报酬、工伤医疗费、经济补偿金或者赔偿金，不超过当地月最低工资标准 12 个月金额的争议，以及因执行国家劳动标准在工作时间、休息休假、社会保险等方面发生的争议，除被派遣劳动者对仲裁裁决不服向法院起诉以及经用人单位申请，仲裁裁决被法院裁定撤销后，当事人向法院起诉外，仲裁裁决为终局裁决，裁决书自作出之日起发生法律效力。当事人应当依照规定的期限履行。

对已经发生法律效力的法律文书（包括劳动争议仲裁委员会和人民

法院制作并已送达双方当事人签收的调解书，当事人逾期未起诉的劳动争议仲裁裁决书，当事人逾期未上诉的人民法院一审判决、裁定，人民法院二审判决、裁定），劳务派遣单位或用工单位拒不履行的，被派遣劳动者可以向人民法院申请强制执行。

→法条链接

《劳动争议调解仲裁法》第四十四条、第四十七条

《最高人民法院关于审理劳动争议案件适用法律若干问题的解释》（一）、（二）、（三）、（四）

小贴士

劳动报酬、工伤医疗费、经济补偿金涉及劳动者的基本生活需求，法律对拒不执行这些具有法律效力的文书采取强制执行的措施，保护了劳动者的基本人权。

96. 被派遣劳动者维权如何寻求法律援助？

根据《法律援助条例》的规定，被派遣劳动者如果有以下需要代理的事项，因经济困难没有委托代理人的，可以向法律援助机构申请法律援助：

（1）依法请求国家赔偿的；

（2）请求给予社会保险待遇或者最低生活保障待遇的；

（3）请求发给抚恤金、救济金的；

（4）请求给付赡养费、抚养费、扶养费的；

（5）请求支付劳动报酬的；

（6）主张因见义勇为行为产生的民事权益的。

另根据《工会法律援助办法》的规定，职工符合下列条件之一的，可以向工会法律援助机构申请委托代理法律援助：

（1）为保障自身合法权益需要工会法律援助，且本人及其家庭经济状况符合当地工会提供法律援助的经济困难标准。

（2）未达到工会提供法律援助的经济困难标准，但有证据证明本人合法权益被严重侵害，需要工会提供法律援助的。

农民工因请求支付劳动报酬或者工伤赔偿申请法律援助的，不受本办法规定的经济困难条件的限制。

→法条链接

《法律援助条例》第十条

《工会法律援助办法》第十条、第十二条

小贴士

被派遣劳动者申请工会法律援助机构代理劳动争议仲裁、诉讼等法律服务，应当以书面形式提出，并提交下列材料：(1) 身份证、工作证或者有关身份证明；(2) 所在单位工会或者地方工会（含乡镇、街道、开发区等工会）出具的申请人经济困难状况的证明；(3) 与法律援助事项相关的材料；(4) 工会法律援助机构认为需要提供的其他材料。

提交书面申请确有困难的，可以口头申请。工会法律援助机构应当当场记录申请人基本情况、申请事项、理由和时间，并经本人签字。

七、文书与图示

××市劳动合同书（劳务派遣使用）

甲方（劳务派遣企业）全称：________________

单位类型：________________

法定代表人（或负责人）：________________

登记注册地：________________

实际经营地：________________

劳动保障证号：________________

组织机构代码证号：________________

开户银行账号：________________

联系电话：________________

乙方（职工）姓名：________________

性别：________________

文化程度：________________

出生年月：________________

就业登记证号：________________

户籍所在地：________________

实际居住地：________________

劳动保障卡号：________________

身份证号：________________

联系方式及电话：________________

××市劳动和社会保障局　制

根据《中华人民共和国劳动法》、《中华人民共和国劳动合同法》、《××省劳动合同条例》和有关法律法规及规章规定，甲乙双方本着平等自愿、协商一致、公正公平、诚实信用的原则，签订本合同，并承诺共同遵守。甲方愿意按照法律、法规规定和劳动合同约定，按时、足额支付劳动报酬，缴纳社会保险费，提供劳动安全卫生保护，保障乙方休息、休假；乙方愿意按照法律、法规规定和劳动合同约定，履行劳动义务，提高职业技能，遵守劳动纪律和职业道德。

一、劳动合同期限

本合同期限采用下列方式确定：

合同自________年____月____日起始，以完成工作任务或与实际用工单位的协议终止为合同终止期限。

二、工作内容及要求

1. 甲方派遣乙方在________（实际用工单位）的________岗位从事________工作，乙方同意按实际用工单位书面公布的工作内容和岗位要求，按时完成合理定额，并达到规定的质量标准。

2. 乙方应当积极参加实际用工单位的职业技能培训，努力胜任劳动合同约定的岗位工作要求。

3. 实际用工单位因生产经营或调整劳动组织需要，需要调整或调动乙方工作岗位的，应由甲方征求乙方的意见，并与乙方协商一致。

三、工作时间和休息休假

1. 甲方监督实际用工单位按照国家和地方政府的有关规定并结合本单位实际生产经营情况，约定乙方每天工作不超过____小时，每周（月）工作不超过____小时。

2. 实际用工单位因工作需要必须安排乙方延长工作时间或在法定节假日加班的，按国家规定支付加班加点工资或安排补休，加班工资由实际用工单位直接发放，不包括在劳务费中。

四、劳动保护和劳动条件

1. 甲方监督实际用工单位建立、健全劳动安全卫生制度，严格执行国家劳动安全规程和标准，对乙方进行劳动安全卫生教育，为乙方提供符合国家规定的劳动安全卫生条件和必要的劳动防护用品。乙方必须严格遵守安全操作规程，并有权拒绝实际用工单位的管理人员违章指挥、强令冒险作业；对危害生命安全和身体健康的行为，有权提出批评、检举和控告。

2. 乙方因工作遭受事故伤害或患职业病，甲方及实际用工单位负责及时救治，并按规定时间为乙方申请工伤认定和劳动能力鉴定，保障乙方依法享受各项工伤保险及相关待遇。

3. 乙方患病或非因工负伤，甲方保证其享受国家规定的医疗期和相应的医疗待遇。

五、劳动报酬

乙方工资由甲方按实际用工单位提供的结算清单每月____日代发。由于实际用工单位未及时支付到账的，由甲方先行垫付，并由甲方向实际用工单位按双方协议追偿。

六、社会保险和福利

1. 甲乙双方必须按照国家和地方政府的有关规定，参加养老、失业、医疗、工伤、生育保险，按时足额缴纳各项社会保险费；其中，乙方应缴纳的社会保险费由甲方代扣代缴。

2. 甲方应当每年至少一次向本单位职工代表大会或本单位住所的显著位置公布本单位全年社会保险费缴纳情况，接受乙方监督。乙方有权按照规定查询个人的缴费记录。

3. 合同履行期间，乙方依法享受国家规定和双方约定的福利待遇。

七、劳动纪律

1. 甲方应依法建立劳务派遣规章制度，并以书面形式向乙方予以公布；未依法建立或未予以公布的规章制度，对乙方无约束力。

2. 乙方有严重违反劳动纪律或者实际用工单位规章制度的，严重失职、营私舞弊、对实际用工单位利益造成重大损害的或被依法追究刑事责任等行为的，甲方有权予以辞退。

八、劳动合同的履行、变更、解除和终止

1. 甲方按照劳动合同约定派遣乙方到实际用工单位工作的，应与实际用工单位约定由其承担或部分承担甲方对乙方的义务，并将约定内容书面告知乙方。实际用工单位未按约定承担对乙方义务的，由甲方承担对乙方的义务，实际用工单位承担连带责任。

2. 出现劳动合同依法可以中止履行情况之一的，劳动合同可以中止履行。合同中止期间，劳动关系保留。中止履行情况消失，双方仍具备继续履行劳动合同条件的，应当继续履行；不具备继续履行劳动合同条件的，劳动合同终止。合同中止时间不计入劳动合同期限。

3. 经双方协商一致，本合同可以书面形式变更。一方要求变更劳动合同的，应当将变更要求书面送交另一方，另一方在收到之日起____日内未作出书面答复的，视为不同意变更本合同。

4. 本合同应当依法解除和终止。双方依法终止和解除劳动合同的，甲方应当自解除或终止劳动合同之日起____个工作日内，向乙方出具解除或终止劳动合同证明。在乙方履行完必要手续的_____个工作日内，办理完毕乙方档案和社会保险关系转移等手续；同时，甲方应当依法向乙方支付经济补偿金、医疗补助费等相关费用。

九、双方需要约定的事项：________________________________

____

十、违约责任

1. 甲方的违约责任：

（1）甲方违反规定或者劳动合同的约定终止、解除劳动合同，或合同到期后故意不及时续订劳动合同的，给乙方造成损害的，应赔偿乙方的经济损失。

（2）其他：

____

2. 乙方的违约责任：

____

十一、劳动争议的处理

甲乙双方因履行本合同发生的劳动争议，可以向甲方劳动争议调解委员会或相关调解组织申请调解；调解不成的，可以向有管辖权的劳动争议仲裁委员会申请仲裁。申请仲裁的一方须在自劳动争议发生之日起60日内向劳动争议仲裁委员会提起书面申请。对仲裁裁决不服的，可以向人民法院提起诉讼。

十二、合同未尽事宜，均按国家有关规定执行。国家没有规定的，由甲乙双方平等协商解决。合同履行期间，所定条款与国家新颁布的法律、法规、规章不符的，应按国家新规定执行。

十三、甲方应当自在乙方第一个工作日之前与乙方签订本合同，自双方签字盖章之日起生效。当事人对生效的时间或者条件另有约定的，从其约定。同时以中、外文书写的劳动合同文本内容不一致的，以中文劳动合同文本为准。

本合同一式两份，甲乙双方各执一份。甲方应当自本合同签订或者鉴证之日起_____个工作日内将本合同文本交付乙方，不得扣押。

甲方：（盖章）________
法定代表人、负责人或
委托代理人：（签名）_____
________年_____月_____日

乙方：（盖章）________
（签名）________
________年_____月_____日

双方当事人依法签订的劳动合同自愿鉴证，并予审查备案。甲乙双方若违反诚实信用原则，未依法向对方履行告知义务，或采取欺诈、威胁等违反法律、法规行为签订的劳动合同，导致本合同无效的，由过错方按国家规定承担法律责任。

鉴证编号：________________
鉴证机构（盖章）__________
鉴证日期：_____年___月___日

××市劳务派遣协议书

甲方（用工单位）：
法定代表人：
地址：
电话：
传真：
邮政编码：

乙方（派遣单位）：
法定代表人：
地址：
电话：
传真：
邮政编码：

甲乙双方同意遵照《中华人民共和国劳动合同法》、中华人民共和国人力资源和社会保障部令第22号《劳务派遣暂行规定》和国家法律法规的有关规定，本着平等自愿原则，经友好协商一致，签订本协议。

一、派遣人员的数量、岗位、派遣期限

本协议项下的派遣劳务人员期限为________年，自______年______月______日到______年______月______日止。乙方在派遣劳务人员期限内向甲方派遣劳务人员均受本协议约束，在派遣劳务人员期限内，甲方根据工作需要向乙方提供劳务人员的需求，并对同意使用的劳务人员以《________________________使用劳务人员确认函》形式进行确认。本协议项下所有劳务人员劳务服务期限届满后，甲乙双方均有权解除本协议。

二、派遣员工的劳务报酬和支付办法

1. 甲方按国家相关文件要求的劳动工资有关规定制定派遣员工薪酬制度，在派遣员工上岗前将薪酬制度告知派遣员工。

2. 甲方给予乙方派遣员工的各类奖金可通过乙方转付。

3. 甲方支付于乙方的派遣员工报酬不得低于当地当年度最低工资标准。

4. 甲方于每月______日前按时将派遣员工的劳务报酬款转账给乙方，逢节假日或双休日顺延。乙方在收到甲方为乙方派遣员工支付的劳务报酬款项时，需在五日内（逢节假日或双休日顺延）扣除个人所得税后的款额完整打入由乙方办理的每个派遣员工的银行工资卡账户中。

三、派遣员工的社会保险、医疗保险和福利待遇

1. 社会基本养老保险

（1）甲方根据社会保险规定标准规定，按月______元×派遣员工数×甲方承担的各种社会保险比例（养老保险18%、失业保险1%），按基数______元×（生育保险0.7%、工伤保险0.5%）转交乙方各项保险办理参保手续。

（2）乙方按上述基数从派遣员工每月报酬中按社会保险规定标准代扣个人应缴纳部分（养老保险8%，失业保险1%）。

（3）上述两项合并后由乙方按月负责办理缴纳手续。各项保险的基数如遇政府政策性调整甲方应按相关规定做相应的调整。如需补交的按规定标准补交。

（4）为了使派遣员工在外派甲方劳务时，偶发工伤事故的待遇能够落实，本协议一经签订，甲方需按约定的基数______即支付当月的工伤生育保险费______元/人，并提供派遣员工的花名册清单（含身份证号码），由乙方在收到保险费用的次月向当地社保经办机构办理投保，逢节假日或双休日顺延。如果甲方未支付保险费用，自甲方接收派遣员工之日起至乙方办妥保险之日前发生工伤事故，由此而产生的费用，由甲方承担；如果乙方收到保险费未按规定时间向当地社保经办机构办理投保，期间发生了工伤事故产生的费用，由乙方承担。

2. 医疗保险

医疗保险费用由甲方和派遣员工共同承担，按当地政府规定的比例，由乙方办理参保手续，派遣员工医疗待遇按医保机构规定执行。

3. 住房公积金

甲方根据相关规定，每月按规定金额乘以派遣员工数的总额向乙方转交住房公积金。

4. 福利待遇

（1）派遣员工在甲方工作期间，享有与工作岗位内容相关的福利待遇。

（2）派遣员工患病或非因公负伤及其待遇，按甲方制定的规章执行。

5. 工伤事故处理

派遣员工在甲方单位工作期间因工负伤，由甲方现场单位负责组织抢救，并及时通知乙方派员协助甲方处理善后工作。甲方应在事故发生后三天内向乙方提供工伤经过报告一份，乙方负责申请工伤认定和伤残等级鉴定，在劳动行政部门认定为工伤后，工伤保险机构应支付的费用由乙方负责。超过保险机构理赔范围部分依据国家和本地区有关规定由企业承担部分由甲方承担。如本协议到期终止，本条款仍有法律溯及力。甲方应对因工伤残人员、因工死亡家属履行至国家和本地区规定的待遇结束止。甲方与派遣员工不存在劳动关系，工伤人员的统计不进甲方的报表，由乙方单位统计上报。

四、派遣员工的管理

1. 培训

（1）派遣员工上岗前由甲方组织培训学习或委托乙方培训，合格后派遣员工正式上岗。培训内容包括与岗位相关的应知应会安全教育和甲方依法制定的规章制度等。

（2）甲方为提高派遣员工技能而出资选送培训的，由甲方与派遣员工签订培训与服务协议，同时将协议复印一份给乙方备案。

2. 劳动条件和劳动保护

甲方应为派遣员工提供符合国家劳动保护规定的工作场所和条件，

以及与岗位相关劳动防护用品。

3. 违反规章制度的责任

派遣员工在甲方工作期间，应严格遵守和履行甲方依法制定的各项规章制度和岗位职责以及用工单位的商业秘密，维护甲方的声誉和利益。因严重违反甲方依法制定的规章制度，不履行职责或因泄密造成甲方经济损失的，甲方有权追究派遣员工的民事法律和经济赔偿责任。甲方可将此情况书面告知乙方，乙方配合甲方共同追究派遣员工的经济赔偿。

4. 退工

（1）甲方可根据生产经营需要，经与派遣员工协商一致后，变更派遣员工的工作岗位、工作内容、工作地点。

（2）因甲方原因需裁减辞退派遣员工的，甲方需在确保乙方提前三十日书面通知派遣员工解除劳动合同的前提下，将退工单书面通知乙方，说明理由和退工日期，并由派遣员工签字。退工单一式三份，一份存根，一份交派遣员工，一份交乙方。乙方在接到甲方开具的退工通知单后，应予以接收并负责办理解聘手续。

（3）派遣员工个人提出辞职，应提前三十日书面通知甲方，甲方同意后应在二十日内以书面形式（并附派遣员工的辞职申请）告知乙方，由乙方办理有关解聘等手续。如甲方需派遣员工保守商业秘密，由甲方与派遣员工直接订立商业保密协议供派遣员工遵守履行。

（4）派遣员工在甲方工作期间，严重违反甲方依法制定的规章制度和岗位职责，给甲方造成重大损失的，甲方可将其退回乙方。

（5）因甲方单位规章不合法或单位规章中规定的将派遣员工退回乙方的理由不成立（由劳动争议仲裁部门或人民法院认定），造成乙方向派遣员工承担的责任应由甲方承担。

五、费用的结算

1. 甲方按时（每月______日前）向乙方提供当月派遣员工的劳务报酬分解表及增减员表（电子邮件或传真），并将各项费用划入乙方指定的银行账户。乙方在收到各项费用和劳务报酬分解表后五个工作日内须向甲方出具各项费用的正式票据。费用未到乙方账户，本协议约定的相关条款，如工伤等各项社会保险无法缴交，发票无法开具，工资无法及时发放的，责任由甲方承担。

2. 甲方按月向乙方支付劳务派遣服务费______元/人/月。

六、双方的责任、权利和义务

1. 甲方的责任、权利和义务

（1）派遣员工的休息休假制度按甲方规定执行。

（2）遵守国家劳动法律、法规，并根据甲方实际情况，依法制定对派遣员工的管理规定与办法，书面告知派遣员工，同时提供乙方一份备案。

（3）定期组织对派遣员工进行思想、生产技术、安全等方面的培训和教育，以适应甲方生产工作需要。

（4）在符合国家劳动法律、法规规定条款的范围内，对派遣员工有退工权，并按国家和地方法律、法规规定向乙方支付退工的补偿金或赔偿金。

（5）派遣员工在甲方单位服务期间，发生的职务行为过失，造成第三人损害的，该过失行为是维护甲方企业利益的，由甲方承担相应经济责任。

2. 乙方的责任、权利和义务

（1）乙方负责建立、解除与派遣员工的劳动关系。

（2）根据有关规定，办理派遣员工的合法聘用手续。

（3）按照有关规定及时缴纳派遣员工的各项社会保险费。

（4）教育派遣员工遵纪守法、遵守甲方各项规章制度和岗位职责，严守甲方商业秘密，努力工作。

（5）做好派遣员工有关劳动档案管理。

（6）配合甲方做好派遣员工劳动合同终止工作，并办理劳保用品的收缴工作。

（7）及时向甲方通报有关国家、省市劳动保障方面新的政策规定，协助做好相应的调整工作。

（8）每月在收到甲方支付的派遣员工劳务报酬后，应按协议约定时间按时足额发放派遣员工当月劳务报酬。

七、本协议期限

1. 本协议期限自______年______月______日起经甲、乙双方签章即生效。在本协议有效期内，甲、乙双方任何一方不得擅自变更或者解除本协议，如遇特殊情况，一方需提前三个月书面通知对方，并应征得对方同意。本协议适用、解除和终止以派遣员工的《劳动合同》的适用、终止或解除为前提。

2. 本协议有效期为：______年，自______年______月______日起至______年______月______日止。

八、违约责任和本协议争议处理

1. 本协议一经签订，甲、乙双方均应严格履行、信守。

2. 由于一方原因引起的法律或经济纠纷问题，给对方造成经济损失的，均应根据对方经济损失情况承担相应的经济赔偿，经济赔偿责任由责任方承担。

3. 甲、乙双方均按本协议履行各自的责任、权利、义务，若甲、乙双方在履行本协议过程中发生争议，应由争议方书面告知对方争议内容，双方可协商解决，如协商不成，按劳动合同纠纷程序解决。

九、本协议未尽事宜，甲、乙双方可面晤协商一致后拟就补充协议条款，补充协议和本协议具有产生同等法律效力。

十、本协议依照《中华人民共和国劳动法》的有关条款规定订立，“事实清楚，条款明确，于法无悖，依约履行”，对双方都具有一定的法律约束力。

十一、本协议一式四份，甲乙双方各执二份，具有同等法律效力。

十二、本协议于______年______月______日在______市（乙方住所地）签订，并履行。

其他附约：____

____

甲方（盖章）	乙方（签章）
法定代表人（签章）	法定代表人（签章）
年　月　日	年　月　日

××公司辅助性岗位认定书

根据我公司业务发展情况，人力资源部提出辅助性工作岗位认定方案，经职工代表大会讨论，并与公司工会平等协商，经公示无异议，下列工作岗位确定为辅助性工作岗位。

工作岗位名称	岗位性质
	辅助性

××公司（盖章）

工会（盖章）

年　月　日

××市工伤认定申请表

<table>
<tr><td>认定申请人与
工伤职工关系</td><td colspan="5">□ 用人单位　□ 本人　□ 亲属　□ 工会</td></tr>
<tr><td>单位社会保障证号</td><td colspan="5"></td></tr>
<tr><td>单位名称</td><td colspan="5"></td></tr>
<tr><td>单位地址</td><td colspan="2"></td><td>邮编</td><td colspan="2"></td></tr>
<tr><td>单位联系人</td><td></td><td>联系电话</td><td></td><td>手机</td><td></td></tr>
<tr><td>个人社会保障卡号</td><td colspan="2"></td><td>受伤人姓名</td><td colspan="2"></td></tr>
<tr><td>学历</td><td colspan="5">□ 博士　□ 硕士　□ 本科　□ 大专　□ 中专
□ 职高　□ 技校　□ 普通中学　□ 初中　□ 小学</td></tr>
<tr><td>户口性质</td><td colspan="5">□ 非农业　□ 本地农业　□ 外地农业
□ 农民工　□ 是　□ 否</td></tr>
<tr><td>首次参加工作时间</td><td colspan="5">______年___月___日</td></tr>
<tr><td>受伤时的职业/工种</td><td colspan="5">□ 单位负责人　□ 专业技术人员
□ 办事人员　□ 商业服务业人员
□ 农林牧渔水利生产人员　□ 生产运输工人</td></tr>
<tr><td>事故发生
（或职业病确诊）
时间</td><td colspan="5">年　月　日　时　分</td></tr>
</table>

续表

<table>
<tr><td>事故类别</td><td colspan="5">□ 物体打击　□ 提升、车辆伤害　□ 机械伤害
□ 触电　□ 淹溺　□ 灼烫
□ 火灾　□ 坠落　□ 坍塌
□ 其他爆炸　□ 中毒和窒息　□ 其他伤害</td></tr>
<tr><td>伤害部位</td><td colspan="5">（可多选，不超过 5 个）
□ 脑　□ 面颌部　□ 眼部　□ 鼻部　□ 耳部
□ 口腔　□ 颈部　□ 胸部　□ 腹部　□ 腰部
□ 脊柱　□ 上肢　□ 腕及手　□ 下肢
□ 踝及脚□ 其他</td></tr>
<tr><td>职业病名称</td><td colspan="5">□ 尘肺　□ 放射疾病　□ 职业中毒
□ 物理因素所致　□ 生物因素所致　□ 职业性皮肤病
□ 眼病　□ 耳鼻喉　□ 口腔疾病
□ 肿瘤　□ 其他职业病</td></tr>
<tr><td>受伤人联系地址</td><td colspan="2"></td><td>邮编</td><td colspan="2"></td></tr>
<tr><td>受伤人联系人</td><td></td><td>联系电话</td><td></td><td>手机</td><td></td></tr>
</table>

××市劳动和社会保障局　印制

劳动争议仲裁申诉书

申诉人				被诉人			
姓名或单位名称				姓名或单位名称			
单位性质				单位性质			
法定代表人姓名		职务		法定代表人姓名		职务	
性别		年龄		性别		年龄	
民族或国籍		用工性质		民族或国籍		用工性质	
工作单位				工作单位			
地址				地址			
电话				电话			
邮编				邮编			

请求事项：

____

____

____

____

____

事实和理由（包括证据和证据来源，证人姓名和住址等情况）：

____

____

____

____

____

此致

××× 劳动争议仲裁委员会

申诉人：__________（签名或盖章）

年　月　日

附：1. 副本__________件；

2. 物证__________件；

3. 书证__________件。

注：1. 申诉书应用钢笔、毛笔书写或印制。

2. 请求事项应简明扼要地写明具体要求。

3. 事实和理由部分空格不够用时，可用同样大小纸续加中页。

4. 申诉书副本份数应按被诉人数提交。

民事起诉书

原告：姓名、性别、出生年月、民族、工作单位、职业、住址、联系方式____

____

____

____

被告：姓名、性别、出生年月、民族、工作单位、职业、住址、联系方式____

____

____

____

请求事项：（写明向法院起诉所要达到的目的）________________

____

____

____

事实和理由：（写明起诉或提出主张的事实依据和法律依据，包括证据情况和证人姓名及联系地址）________________________

____

____

____

此致 ××××人民法院

原告人：（签名或盖章）

××××年×月×日

附：1. 本诉状副本×份（按被告人数确定）。

2. 证据××份。

3. 其他材料××份。

【填写说明】

1. 当事人栏，注明自然情况。自然人要列出姓名、性别、年龄、民族、工作单位、住址。法人或其他组织要列出名称、住所地、法定代表人或负责人姓名、职务、填写要准确，特别是姓名（名称）栏不能有任何错字；地址要尽量翔实，具体到门牌号；最好注明邮编及通讯方式。

2. 案由。主要写明当事人之间的法律关系及其争议。

3. 诉讼请求。主要写明请求解决争议的权益和争议的事实，以及请求人民法院依法解决原告一方要求的有关民事权益争议的具体事项。

4. 事实和理由。事实部分，要全面反映案件事实的客观真实情况。

5. 在起诉状尾部，当事人是自然人的，要由本人签字，是法人或其他组织的，由法定代表人或负责人签字并加盖单位公章；日期要填写准确。

法律援助申请表

援申字〔　　〕第　号

申请人基本情况							
姓名		性别		出生日期		民族	
身份证号							
户籍所在地							
住所地（经常居住地）							
邮政编码			联系电话				
工作单位							
代理人基本情况							
姓名			□ 法定代理人　□委托代理人				
身份证号							
案情及申请理由概述							
本人承诺以上所填内容和提交的证件、证明材料均真实。 申请人（签字）： 代理人（签字）： 年　月　日							

八、关联法律法规政策索引

1. 中华人民共和国宪法（1982 年 12 月 4 日）

2. 民法通则（1986 年 4 月 12 日　中华人民共和国主席令第 37 号）

3. 中华人民共和国劳动法（1994 年 7 月 5 日　中华人民共和国主席令第 28 号）

4. 中华人民共和国劳动合同法（2007 年 6 月 29 日　中华人民共和国主席令第 65 号）

5. 全国人民代表大会常务委员会关于修改《中华人民共和国劳动合同法》的决定（2012 年 12 月 28 日　中华人民共和国主席令第 73 号）

6. 中华人民共和国劳动合同法实施条例（2008 年 9 月 18 日　国务院令第 535 号）

7. 中华人民共和国行政许可法（2003 年 8 月 27 日　中华人民共和国主席令第 7 号）

8. 劳务派遣行政许可实施办法（2013 年 6 月 20 日　人力资源和社会保障部令第 19 号）

9. 劳务派遣暂行规定（2014 年 1 月 24 日　人力资源和社会保障部令第 22 号）

10. 全民所有制工业企业职工代表大会条例（1989 年 9 月 15 日　国务院发布）

11. 企业民主管理规定（2012 年 3 月 30 日　总工发〔2012〕12 号）

12. 中华人民共和国工会法（2001 年 10 月 27 日修正　中华人民共和国主席令第 57 号）

13. 中国工会章程（2013 年 10 月 20 日修订）

14. 中华全国总工会关于组织劳务派遣工加入工会的规定（2009 年 6 月 12 日　总工发〔2009〕21 号）

15. 工资支付暂行规定（1994 年 12 月 6 日　劳部发〔1994〕489 号）

16. 企业职工带薪年休假实施办法（2008 年 7 月 17 日　人力资源和社会保障部令第 1 号）

17. 中华人民共和国安全生产法（2014 年 8 月 31 日修订　中华人民共和国主席令第 70 号）

18. 中华人民共和国职业病防治法（2011 年 12 月 31 日修订　中华人民共和国主席令第 59 号）

19. 工伤保险条例（2010 年 12 月 8 日修订　国务院令第 375 号）

20. 职业病诊断与鉴定管理办法（2013 年 1 月 9 日　卫生部令第 91 号）

21. 劳动保障监察条例（2004 年 10 月 26 日　国务院令第 423 号）

22. 中华人民共和国劳动争议调解仲裁法（2007 年 12 月 29 日　中华人民共和国主席令第 80 号）

23. 企业劳动争议协商调解规定（2011 年 11 月 30 日　人力资源和社会保障部令第 17 号）

24. 最高人民法院关于审理劳动争议案件适用法律若干问题的解释（二）（2006 年 8 月 14 日　法释〔2003〕13 号）

25. 最高人民法院关于民事诉讼证据的若干规定（2001 年 12 月 21 日　法释〔2001〕33 号）

26. 法律援助条例（2003 年 7 月 16 日　国务院令第 385 号）

27. 工会法律援助办法（2008 年 8 月 11 日　总工发〔2008〕52 号）

后　记

1994年7月5日，在劳动法制建设上具有里程碑意义的《中华人民共和国劳动法》颁布，我国劳动关系进入了依法调整的新时期。20年来，我国已初步形成以《劳动法》为龙头，《劳动合同法》、《就业促进法》、《社会保险法》、《安全生产法》、《职业病防治法》、《劳动争议调解仲裁法》等法律法规相配套的劳动法律体系。这一切，都对社会发展和劳动者的生活带来了巨大的影响。

近年来，伴随着劳动者依法维权意识增强，人们对劳动法律知识的需求也日益突出。针对这一实际问题，为满足广大职工的利益诉求，中国工人出版社策划出版了“劳动权益书系”（共18册）。本丛书把涉及劳动权益的法律政策进行分类，集中梳理出与劳动者切身利益相关的劳动法律问题并附以文书与图示、关联法律法规政策索引，更加方便职工查阅使用。

希望这套丛书的出版，能够帮助广大职工了解、掌握一些必备的法律知识，增强法律观念，提高法律素质，同时对工会组织职工、引导职工、服务职工、维护职工权益方面起到促进作用。

编　者
2015年1月